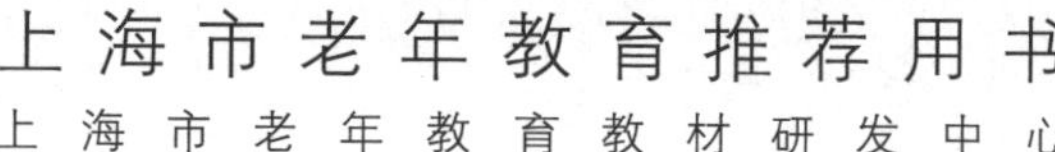

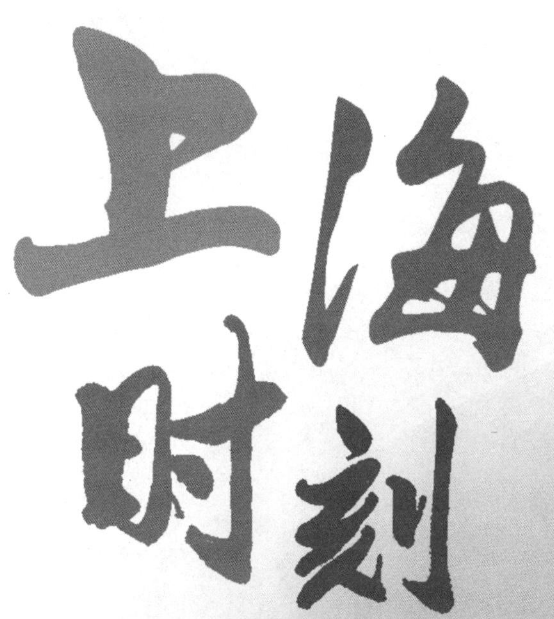

上海老年教育

上海市老年教育推荐用书
上海市老年教育教材研发中心

上海时刻

上海教育出版社
SHANGHAI EDUCATIONAL
PUBLISHING HOUSE

U0898895

上海市老年教育推荐用书编委会

主　　任：李骏修

常务副主任：毕　虎

编　　委：陈跃斌　殷　瑛　李学红

赵莉娟　史济峰　郁增荣

蔡　瑾　吴　松　崔晓光

组织编写单位

上海东方宣传教育服务中心

前 言

上海市老年教育推荐用书是在上海市学习型社会建设与终身教育促进委员会办公室、上海市老年教育工作小组办公室和上海市教委终身教育处的指导下，由上海市老年教育教材研发中心牵头，联合有关单位和专家共同研发的系列推荐用书。该系列用书秉承传承、规范、创新的原则，以国家意志为引领、以地域特色为抓手、以市民需求为出发点，研发具有新时代中国特色、上海特点的老年教育推荐用书，丰富老年人的教育学习资源，满足老年人的精神文化需求。

本次出版的推荐用书既包含“上海时刻”中华人民共和国成立70周年献礼、生活垃圾分类、鹤发童言、美术鉴赏等时代热点和社会关注的内容，也包含老年人权益保障、老年人心理保健、四季养生、家居艺术插花、合理用药等围绕老年人生活需求的内容。在教材内容和体例上尽量根据老年人学习的特点进行编排，在知识内容融炼的前提下，强调基础、实用、前沿；语言简明扼要、通俗易懂，让老年学员看得懂、学得会、用得上。在教材表现形式上,充分利用现代信息技术和多媒体手段，以纸质书为主，配套建设电子书、有声读物、学习课件、微课等多种学习资源。完善“指尖上的老年教育”微信公众号的教育服务功能，打造线上线下灵活多样的学习方式，积极构建泛在可选的老年学习环境。

“十三五”期间，上海市老年教育教材研发中心共计策划出版上海市老年教育推荐用书50本。这是一批可供老年教育机构选用的教学资源，能改善当前老年教育机构缺少适宜教学资源的实际状况，也能为老年教育教学者提供教学材料、为老年学习者提供学习读本。系列推荐用书的出版是推进老年教育内涵发展，提升老年教育服务能力的重要举措；积极践行“在学习中养老”的教育理念，为老年人提供高质量的学习资源服务，进一步提高老年人的生命质量与幸福指数，促进社会和谐与文明进步。

本套上海市老年教育推荐用书凝聚了无数人的心血，感谢各级领导和专家的悉心指导，感谢各位老年教育同行的出谋划策，还有所有为本次推荐用书的出版工作作出努力和贡献的老师，一并感谢。

上海市老年教育教材研发中心

2020年2月

目 录

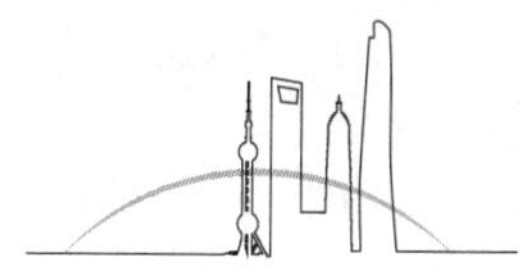

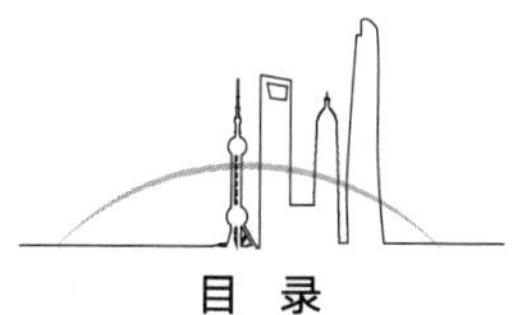

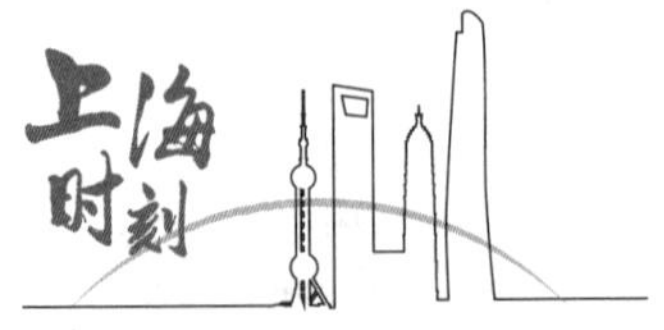
上海
时刻

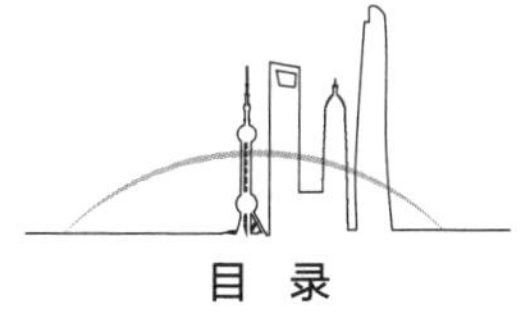

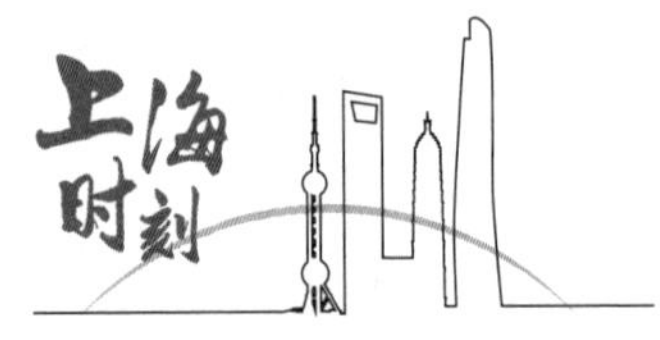
上海
时刻

沪南水电交通“三不停”的故事

1

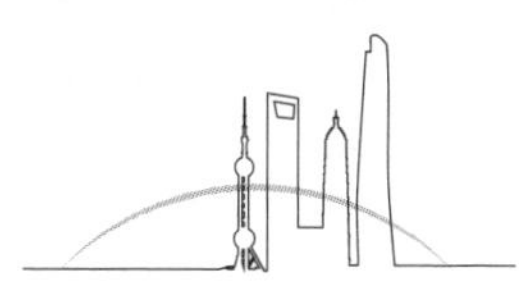

名称：沪南水电交通“三不停”

地点：沪南区

上海时刻：1949 年 5 月

1949 年 5 月，虽然“上海战役”在激烈地进行着，可自来水、电力却照常供应，马路上电车、公共汽车等仍然正常行驶。这究竟是怎样做到的呢？

“三不停”怎么做

1949 年 5 月之前，自来水、电力和交通事业都是由上海法商电车、电灯公司垄断的，这是一家由法国人凭借租界特权创办起来的企业。可以说，这家企业是与广大市民的生活和生产密切相关，与整个城市息息相关。上级党组织考虑到国民党当局一定会想方设法对这家企业进行破坏，从而造成沪南区的混乱，因此对上海法商电车、电灯公司党组织提出“三不停”的要求，即“上海战役”期间水不能停、电不能停、交通不能停。

党组织在行动

为了完成这项光荣且艰巨的任务，上海法商电车、电灯公司党组织立即行动起来，决定先从壮大自身力量做起，很快就把一些条件成熟的积极分子发展成党员，这样党员总数达到 138 人，大大增强了党组织的力量。但是，仅仅依靠党员的力量还是不够的，上海法商电车、电灯公司党组织在上海市委的统一部

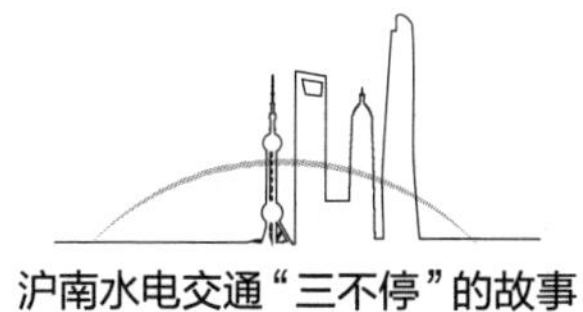

署下，动员广大职工，成立上海工人协会法电支会。在此基础上，又秘密组织了工人纠察队。1949 年 5 月初，根据上海市委的要求，全市的工人纠察队统一命名为上海人民保安队。至此，上海法商电车、电灯公司的人民保安队已有 700 人，约占公司总人数的四分之一。有了强大的力量支撑，上海法商电车、电灯公司党组织决定主动出击，前期做了大量调查工作，把沪南区国民党军队的布防情况、警察局情况、军队数量都摸清楚了，并向上级党组织汇报。同时，上海法商电车、电灯公司党组织担负起开展宣传工作的重任，特别是对公司的法国投资方开展政策宣传，确保顺利完成“三不停”任务。

中法合作护公司

工会理事长许炳山以及马少林、陆如松两位工会干部到上海法商电车、电灯公司车务总管勒莫尼家里作进一步沟通和交涉。勒莫尼打开门，为首的工会理事长许炳山就亮明身份说：“我们是中国人民解放军先遣部队的代表。”勒莫尼一听说是解放军派来的，吓得脸色煞白，搓着两只手不知道如何是好。许炳山开门见山地向他介绍了中国共产党进城以后保护工商业、保护外商的政策，并告知他近期解放军要解放上海，国民党可能要破坏上海法商电车、电灯公司，中国共产党已经组织了强大的工人队伍来保护上海法商电车、电灯公司，但是需要上海法商电车、电灯公司全体员工的配合。勒莫尼毕恭毕敬地表示，一定全力配合。

团结就是力量

上海法商电车、电灯公司党组织已经把能争取的各方力量全部团结起来，解放军进驻上海后，交通通畅，水电照常供应，圆满完成了上级党组织要求的“三不停”任务。水、电、交通“三不停”的背后，凝聚着上海法商电车、电灯公司党组织的智慧，同时也展现了党和人民的力量。

南京路上好八连

2

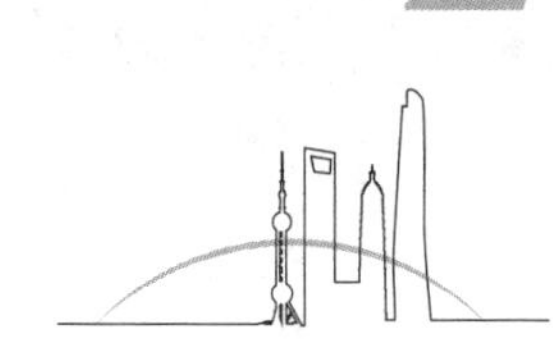

名称：南京路上好八连

地点：南京路

上海时刻：1949 年 7 月

提到上海，人们就会想起南京路；提到南京路，人们就会想起“好八连”。“南京路上好八连”已经成为上海这座国际大都市的一张名片。

三营八连进驻上海

1949 年 7 月，上海的枪炮声逐渐远去，有一支连队受命担负上海南京路的巡逻执勤任务。这支连队前身为华东军区特务团四大队辎重连，后又改番号为华东军区警卫旅特务团一营一连。进驻上海后，连队又被改编为三营八连，这便是后来以“身居闹市，一尘不染”闻名全国的“南京路上好八连”。

“考场”上的八连战士

毛泽东曾把中国共产党主政比作“进京赶考”，可以说，当时全国最复杂的“考场”要数上海，而上海最复杂的“考场”要数南京路。解放军进驻上海后，国民党残余势力便四处扬言：上海是个大染缸，解放军红着进来，要黑着出去。面临严峻的考验，出身贫苦的八连战士们保持着艰苦奋斗的政治本色。刚进上海时，由于营地紧张，八连战士们先在北火车站月台上露宿三晚，后又到“大世界”跑马厅后面的一排马厩里住了一晚，随后又搬到苏州河畔的一个

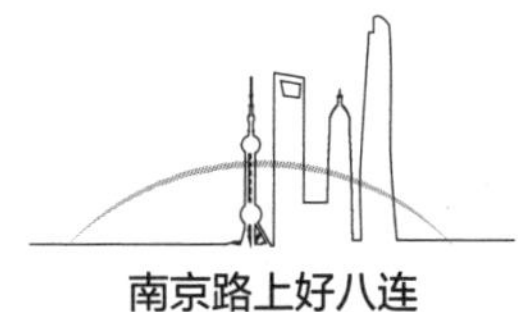

废旧仓库。直到 7 月，他们才搬到南京路上的刘家公馆。

“两个务必”记心间

但时间长了，有少数战士也有点迷失：有的战士一次花几块钱到国际饭店点菜开“洋荤”；有的战士不惜花高价去高级理发厅理发；有的战士花光津贴还要借钱逛“大世界”……这些情况引起了八连首任指导员张成志的警惕，他在党支部会上指出：“南京路是一个没有硝烟的战场，来到这里，我们就没有退路了，全连要保持高度的警觉性，绝不能吃败仗。”经过多次教育，八连战士们纷纷表示，要牢记“两个务必”，保持艰苦朴素的光荣传统。在此之后，八连战士们再也没有出现上述类似的情况。

艰苦奋斗革命本色

1957 年，吕兴臣在《解放日报》发表通讯《身居闹市一尘不染，人们称赞他们“南京路上好八连”》，报道了八连战士们的先进事迹。文章发表后，引起了社会的广泛关注。此后，吕兴臣在《解放日报》又先后发表了《针线包》《行军锅》《一分钱》等一系列讲述八连战士们优良作风的小故事。中国人民解放军总政治部主任萧华看了八连战士们的报道后，对八连的具体情况进行了深入的了解，决定把八连作为保持艰苦奋斗革命本色的一面红旗树立起来。

学习“八连”颂“八连”

1963 年 4 月 25 日，国防部授予八连“南京路上好八连”荣誉称号，“好八连”成了全国人民学习的典范。《人民日报》为“南京路上好八连”的命名发表了《永远保持艰苦奋斗的革命精神》的社论，同时还发表了介绍“南京路上好八连”的长篇通讯。随后，全国、全军掀起了学习“南京路上好八连”的热潮。1963 年的八一建军节，毛主席挥毫写下了著名的《八连颂》。

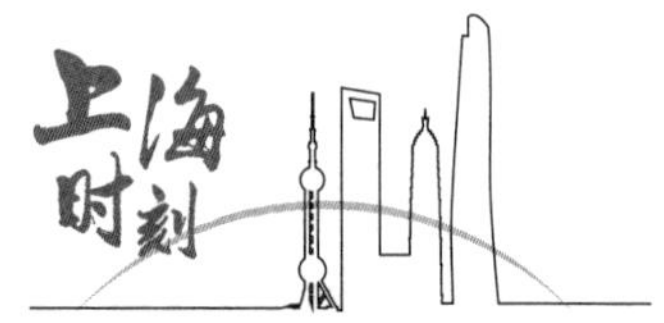

上海第一批旧区改造项目
——蕃瓜弄改造

3

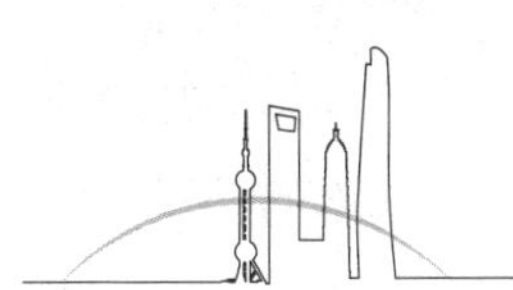

名称：蕃瓜弄改造

地点：蕃瓜弄

上海时刻：20 世纪 60 年代初

在上海火车站附近，有一片普普通通的老式低层小区——蕃瓜弄。老上海人应该都知道这个名字，因为这里曾经是上海"响当当"的棚户区，后来作为全市第一个成片棚户区改造的试点建起了新工房。

蕃瓜弄名称的由来

据上海地方志记载，传说蕃瓜弄得名是因为此地居民在空地上种植番瓜（又称南瓜），当时种植出一个特大番瓜，茎蔓卷曲似龙须，果面瘤状似龙眼，人称"蕃瓜龙"。因视其为吉祥物，遂以其谐音将这片地区改称为"蕃瓜弄"，沿用至今。

潮湿脏乱的"滚地龙"

虽然名称寓意好，但"蕃瓜弄"曾是苦难的代名词。20 世纪 40 年代，受战乱和天灾影响，江淮一带的大批贫困农民来上海谋生。蕃瓜弄因其靠近火车站和苏州河，干活的机会相对多一些，因此聚集了大量的贫困人口。因为没有能

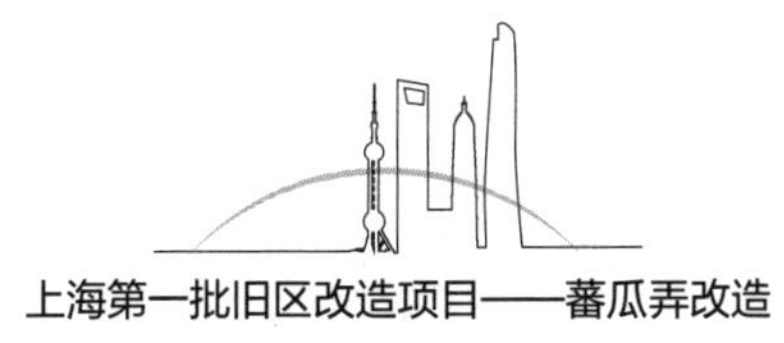

力建造房屋，他们就在这里搭建了许多十分简陋的窝棚作为栖身之所。这些窝棚随地而建，低矮阴暗，相连成片，远看像一条条卧在地上的“长虫”，人们形象地称其为“滚地龙”。至 1949 年，在这块面积不到 100 亩的土地上，共建各类棚屋 3000 多间，居民 1.6 万余人，是上海人口密度最大的棚户区。由于缺乏基本的排污、卫生设施，整个区域臭气扑鼻，蚊蝇、跳蚤成群，居住环境和卫生条件极差，有很大的火灾、疾病隐患。

蕃瓜弄的综合改造

上海解放后，上海市委、市政府决定改善工人和贫民的居住环境，以蕃瓜弄为代表的棚户区迎来了新生。这里建造了公共厕所和垃圾箱，填平了臭水浜，重建了道路，有了下水道、路灯、绿化等。“滚地龙”被逐渐翻建成草平房或瓦平房，居民的居住环境和卫生条件得到初步改善。

改造后的蕃瓜弄（图片来源：《口述上海——实事工程》P74）

由于当时蕃瓜弄内人口太过密集，居住条件进一步改善的要求依然十分迫切。20 世纪 60 年代初，蕃瓜弄旧区改造规划获批，上海市委、市政府决定将其改建为住宅新村。居民闻讯欢欣鼓舞，拆迁工作十分顺利。

1964 年 7 月，蕃瓜弄改造第一期新工房竣工，部分居民搬进了宽敞明亮的新楼房，引来了络绎不绝的参观者。1965 年 12 月，蕃瓜弄改造第二期新工房竣工，共建成钢筋混凝土结构五层楼房 31 幢，安置入住居民 8000 多人。蕃瓜弄成为上海市第一批拥有五层楼房的工人新村。

蕃瓜弄的这次改造是上海市第一个成片棚户区改造的试点，当时的改建原则是既要彻底改善这里的居住环境和卫生条件，又要尽量在原地建造同样户数的住宅，不另外征用土地。使一个棚户简屋密集、公共环境很差的工人居住区变成一个建筑整齐、环境优美的新型工人住宅区。

1999 年夏，上海市委、市政府再推为民工程，对蕃瓜弄进行了“平改坡”试点、墙面刷新和水箱改造工程，进一步提升了居民的居住舒适度，使老居民区焕发了生机。

从潮湿脏乱的“滚地龙”到整洁宽敞的工人新村，再到防雨遮阳的“平改坡”，蕃瓜弄的变迁见证了新时代上海市民生活水平的逐步提高。

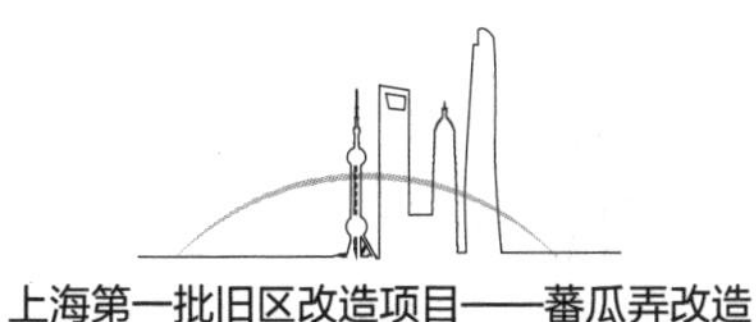

上海第一个工人新村
——曹杨新村

4

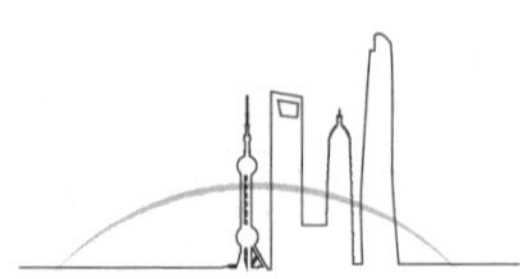

名称：上海第一个工人新村

地点：曹杨新村

上海时刻：1952 年 5 月

20 世纪 50 年代，上海工人的居住条件十分恶劣，夏不能避暑热，冬无法御风寒，雨天漏水更是家常便饭。很多人甚至还住在用竹竿、苇席等搭建而成的棚户、简屋中，低矮潮湿，拥挤不堪。针对这一现状，上海市人民政府在百废待举、财政经济状况尚未好转的情况下，根据党中央"要设法改善上海工人的生活条件，要逐步地、有计划地解决工人住宅问题"的指示，时任上海市市长陈毅亲自拍板，将解决上海 300 万工人住房困难问题提上议事日程，决定在中山北路以北、曹杨路以西一带征地建房，建设上海第一个工人新村——曹杨新村。

五角星下的工人新村

曹杨新村第一期工程占地约 13.3 万平方米，于 1951 年 9 月动工兴建，1952 年 5 月全面竣工，共有三开间两层楼房 48 幢、167 个单元，可容纳 1002 户工人居住。即便用现代的眼光来看，曹杨新村无论是设计理念还是整体规划都是可圈可点的。这里成了一个公园般的工人新村，红瓦白墙的小楼掩映在绿树丛中，房前屋后到处是盛开的鲜花，绿化覆盖率超过了 30%。很多人说，如

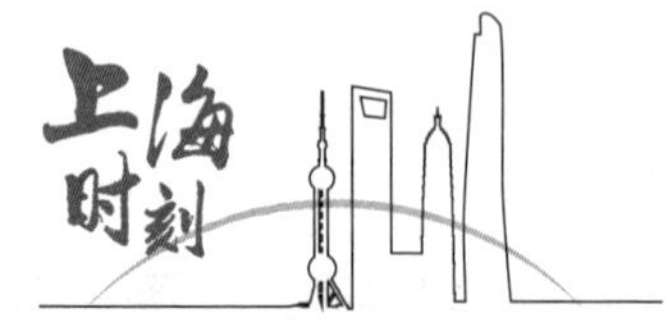

果从半空俯瞰曹杨新村的建筑布局，很像一颗五角星。不过据设计师汪定曾说，“这并不是刻意为之，当时追求的是人与自然的和谐，房屋设计上考虑最多的是朝向，特别注重朝南、朝东南或朝西南。另外，由于那个地方小河浜多，所以道路是沿着河的流向而设计的。房子虽然是行列式，但随着地形的变化和绿化的布局而变化”。规划设计以环境宽敞和房屋建筑简单朴素、实用美观为原则，房屋为砖木结构，外形为红瓦白墙的两层楼房，每层楼面三套房间，厨房三户合用，每户都有一个抽水马桶。因地理位置靠近曹杨路，遂命名为曹杨新村。同时兴建小学、图书馆、菜场、公共浴室等一系列配套设施，方便工人生活。

工人住进了新洋房

曹杨新村建成后，市总工会、市公共房屋管理处等组成房屋调配委员会，决定首先将住宅分配给普陀、闸北、长宁三个区各工厂的劳动模范、先进生产者以及部分住房困难的老职工。那时候，工人们就像办喜事一样庆贺乔迁之喜。例如全国劳动模范杨富珍是曹杨新村第一代居民，她回忆道：“当时搬进来的时候很热闹，工人能住洋房，住新房子，真是热泪盈眶。”把工人新村说成洋房，并不是杨富珍老人一个人的说法，很多曹杨新村的老居民都是这样说的。

1952 年 6 月，曹杨新村二期工程（位于一期工程西北面）破土动工。从此以后，曹杨新村家族如雨后春笋般频添新丁。至 1977 年相继建成 9 个工人新村，住宅建筑面积 169.78 万平方米。再加上闵行、松江等地又相继建造了大批住宅新村，从而基本上解决了工人住房问题。

历史地标添“新丁”

自 1953 年起至今，曹杨新村共接待来自五大洲 120 个国家和地区的外宾 15 万人次，其中有国家元首、政党领袖……作为一个时代的特色建筑，上海的工人新村已经与石库门一起成为上海的历史地标。

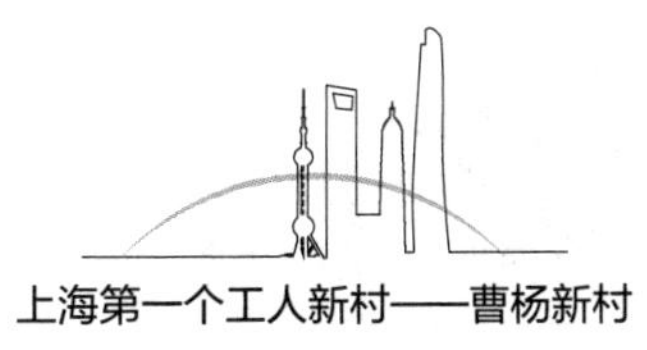

曹杨新村村史馆（摄影：郑旦军）

上海"龙须沟"肇嘉浜的变迁

5

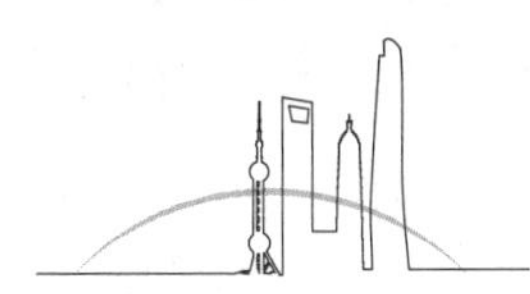

名称："龙须沟"肇嘉浜的变迁

地点：肇嘉浜

上海时刻：1956 年 12 月

肇嘉浜原是上海的一条河道，东接黄浦江，西连蒲汇塘，全长 10 千米，是上海旧城厢中的干流，也是上海进入松江府的运粮内河。上海开埠前，肇嘉浜是商业、交通中心，是县城外的繁华地带；上海开埠后，肇嘉浜成了法租界与华界的分界河，这条两界共享的分界河事实上却成了两界都不管的河浜，肇嘉浜逐渐变了样。

上海的"龙须沟"

法租界当局在肇嘉浜以北地区越界筑路，首次在境内埋设雨水、污水合流管道；与此同时，华界地区的一些主要道路也随之埋设少量排水管道。但由于管道口径小、无排水泵站等原因，雨水、污水大都仍流入肇嘉浜。

离租界一箭之遥的肇嘉浜成为棚户密集地区。棚户区一般多由毛竹、树棍、稻草和泥土等建造，居住条件极差，没有供电、上下水等基础设施，到处是垃圾、粪便等，常年臭气冲天。一到黄梅天，更是苦不堪言。肇嘉浜也由此成了名副其实的"臭水浜"，较之老舍笔下的"龙须沟"，绝对"有过之而无不及"。因此，当年的肇嘉浜就被人称为"上海的龙须沟"。据档案资料记载，到 1947 年，两岸有棚户 2000 余户，居民约 8000 人，成了旧上海最大的水畔棚户区。

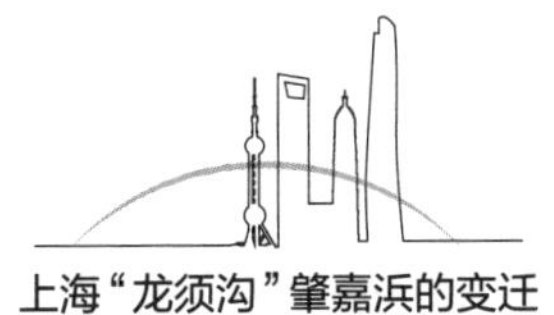

“臭水浜”换新颜

上海解放后，党和国家领导人非常关心和重视肇嘉浜的改造。时任上海市市长陈毅也十分关心肇嘉浜的改造，指示有关部门一定要治理好“臭水浜”。尽管刚刚解放，财政紧张，但上海市人民政府还是以极大的魄力出台了肇嘉浜填浜、埋管、筑路工程方案。1954 年，上海市人民政府拨款 700 余万元用于改造肇嘉浜。同年 10 月，肇嘉浜填浜、埋管、筑路工程正式启动。为配合该工程顺利进行，上海市人民政府不仅在漕溪路兴建漕溪新村，而且在龙华建造一批平房作为动迁用房。先后动迁居民近 2000 户，拆除棚户 2.3 万平方米，过去饱受臭水之苦的动迁居民得到了妥善安置。

与此同时，1600 名市政工人率先投入填浜、埋管、筑路工程中。工人们没有起重机就靠木头架子加麻绳，没有推土机就靠铁镐和手推车，没有聚光灯就用煤油灯伴着月光，没有足够的套鞋就光脚在结冰的浜底施工。他们的双脚被冻裂，鲜血和臭泥混在一起。在这样艰苦的条件下，他们创造出每个工作日挖八方土的纪录，创造了一天内拆掉一座水泥桥的奇迹。黑臭的肇嘉浜被填平了，崭新的柏油路铺成了。

市政建设出奇迹

1956 年 12 月，肇嘉浜改造工程全面竣工，比原计划提前了 9 个月。新铺成的肇嘉浜路长近 3 千米，宽 40 米，两旁种植了常绿乔木、落叶乔木和灌木，底下埋设着巨大的沟管，使之兼具交通、排水、绿化等多项功能。“臭水浜”变成了林荫道，曾经黑臭的肇家浜获得了新生。据统计，施工期间全市的义务劳动者多达 10 万人次。肇嘉浜工程开创了上海市政工程建设的奇迹，也拉开了上海市政工程建设的序幕。通过不懈的努力，在资金短缺、技术落后的客观条件下，上海凭借群众的力量，将蒲汇塘、法华浜、虹镇老街浜这些曾经“臭”名昭著的“垃圾浜”“死水浜”改造成干净整洁的马路。上海的城市面貌取得了巨大改善，为上海市民生活水平的提高以及城市的发展提供了坚实的基础。

今日的肇嘉浜路（摄影：郑旦军）

让“鸡毛飞上天”的建襄小学

6

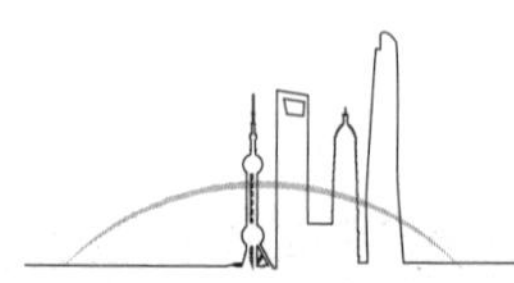

名称：建襄小学

地点：肇嘉浜路

上海时刻：1958 年

建襄小学创办于 1958 年，作为上海第一所“弄堂学校”，创办之初充满艰辛，但三位创办人通过三年的努力，将一所原本无人看好的学校办成了民办小学的“一面红旗”，创造了“鸡毛飞上天”的奇迹。

家庭妇女响应号召

中华人民共和国成立初期，由于生育高峰，学龄儿童增多，再加上上海部分地区将儿童入学年龄从七周岁提前至六周岁或六周岁半。一时之间，各公办小学的招生能力无法满足儿童的入学需求。为了满足广大学龄儿童学习文化的需求，加速普及教育的进程，中央提出“公办与民办并举”的“两条腿走路”的办学方针来缓解“入学难”的矛盾。当时，上海有三位只有初中文化的家庭妇女吴佩芳、殷祖懿和江镜蓉响应国家号召，克服重重困难，创办了建襄小学。

艰苦创业办学校

创办之初，学校校舍、课桌椅、老师等都没有。有人说，如果这样也能办好学校，鸡毛也能飞上天。吴佩芳等人并没有因此而放弃，自筹了 100 元办学资金，借了肇嘉浜路上一间废弃汽车间当校舍，买来廉价的课桌椅，桌腿高了就锯掉一截，坏了

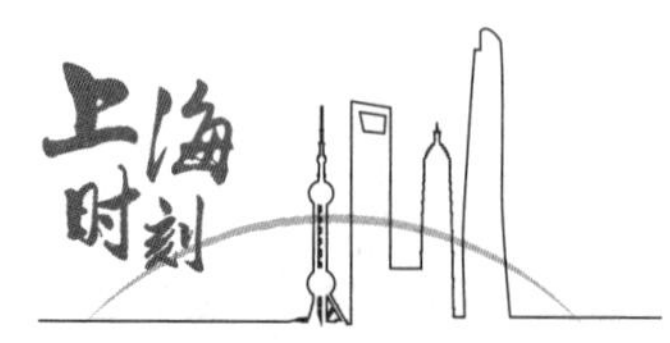

就自己动手修理。没有教师，就由三位创办人兼任。学校的设备极为简陋，扫帚、畚箕等清洁用具都是三位创办人从家中拿来的。她们艰苦创业的精神深深感动了周围的居民，居民们纷纷向学校伸出了援助之手。一位退休工人送来了一幅毛泽东主席的画像，她们将它端端正正地挂在教室的正前方；当地的户籍民警自掏腰包买了个茶桶，送到学校。就这样，建襄小学依靠群众的关怀、帮助和支持，招收了80名学生。

狠抓教学质量

相比物质条件差，师资力量弱更是办学的一大困难。三位老师毫无教学经验，但她们凭着对教育事业的责任心和把学校办好的满腔热情，咬牙坚持。为了提高教学质量，一方面，她们刻苦钻研，集体备课，常常一人当先生，两人当学生，课前一遍又一遍地练习，每个字的发音都不放过，经常练习到深夜；另一方面，她们虚心向公立学校的教师请教，为了不影响公立学校学生上课，她们常常伫立窗外，边听边记。除了狠抓教学质量外，她们也注重学生的品德教育。一些顽劣学生经过她们的耐心教育，都能积极主动地投入学习。通过不断摸索，学校的教学质量大幅提升，不仅赢得了家长的信任，还逐渐形成了既注重成绩提高又兼顾品德教育的教学方式。

民办小学的“一面红旗”

党和政府对建襄小学这种“不怕困难，勇于挑战，勤勉务实，不断创新”的精神给予了高度肯定和赞扬，将其誉为民办小学的“一面红旗”。一所原本无人看好的学校被办成了民办小学的“一面红旗”，创造了“鸡毛飞上天”的奇迹。报刊和电台等媒体多次对建襄小学进行宣传报道，人民沪剧团还根据吴佩芳等人的先进事迹编排了现代沪剧《鸡毛飞上天》，让吴佩芳等三个家庭妇女白手起家创办建襄小学的故事广为人知。除此之外，根据她们的先进事迹改编的作品还有很多，如连环画《人民教师吴佩芳》、电影《春催桃李》、纪录片《民办小学的红旗》等。她们的办学事迹也在老一辈上海人中口口相传，成为人民教师的楷模。

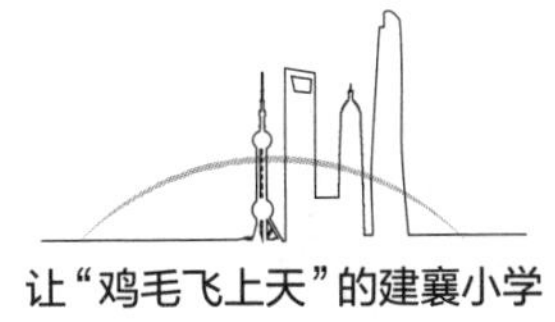

建襄小学校门（摄影：郑旦军）

我国第一条水底公路隧道
——打浦路隧道

7

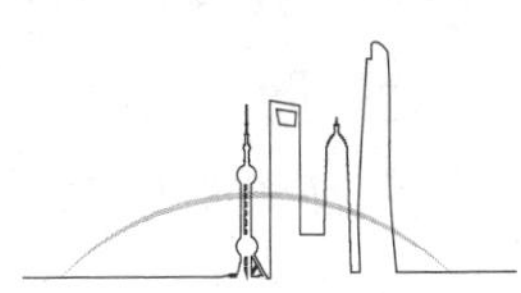

名称：打浦路隧道

地点：黄浦江江底

上海时刻：1970 年 10 月

跨越黄浦江，连接浦东和浦西，一直是上海人民的梦想，但是由于技术、资金等问题，虽然经过多次尝试，黄浦江的过江难问题仍未解决。中华人民共和国成立后，上海市人民政府重新把越江隧道工程列入规划，提出在黄浦江江底建造一条隧道的设想，获得了中央有关部门的首肯。

在豆腐里打洞

当时的中国可谓一穷二白，越江隧道工程在全国没有先例，从设计到技术再到设备都要从头摸索。而且上海地处长江口的冲积平原，地理位置决定了上海的土地大部分都是软土，施工难度极大。有苏联专家曾预言，在上海软土地质层建造隧道，如同“在豆腐里打洞”，是“不可能完成的任务”。上海市政工程专家不迷信苏联专家的预言，白手起家，开始挑战世界级难题。他们不辞辛苦，沿着黄浦江两岸来回勘探、比较，最后确定在打浦路段建造上海第一条越江隧道。

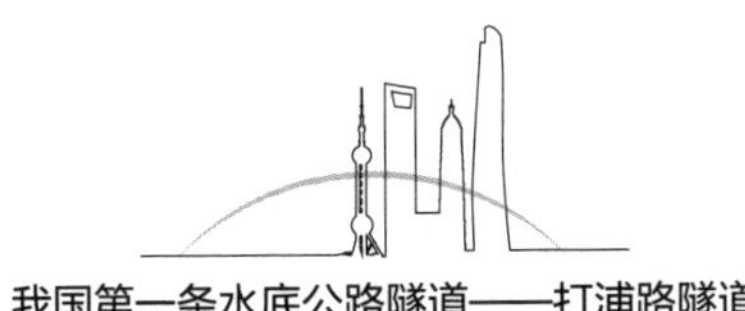

排除万难，自力更生

1965 年 6 月，在全国建筑、环境、电力、船舶、冶金、地质等数十家单位的大力协助下，打浦路隧道开始建设了。由于没有经验可循，意想不到的各种困难和问题不断出现：渗漏水、给排水、通风、供电、照明……建设者们以科学的精神和大无畏的勇气克服重重难关，边设计边调整，边试验边施工，一米一米地不断推进建设进程。

根据国外经验，隧道工程盾构机对越江隧道的建设是不可或缺的利器，然而在当时盾构施工对工业基础薄弱的中国而言还是一项高难度的技术。没有设备怎么办？自力更生！1967 年，上海隧道工程有限公司自行设计并制造了国内第一台直径 10.22 米的网格挤压盾构，应用于上海打浦路越江隧道。打浦路隧道也是我国第一条采用盾构法施工的隧道。

圆梦“天堑变通途”

经过近千名隧道建设者 5 年的艰苦奋战，1970 年 10 月，全长 2736 米的打浦路隧道终于全线竣工。1971 年 6 月，打浦路隧道正式通车。建成后的打浦路隧道是浦江两岸唯一的直通通道。以往人们要过江只能靠摆渡，耗时两三个小时，而如今只要短短 6 分钟。

打浦路隧道是中国人民自力更生、奋发图强的证明，是上海市政工程建设史上的奇迹。它圆了开埠以来上海人要“天堑变通途”的百年梦想，为浦东开发奠定了基础设施保障，也为未来上海其他越江隧道工程的建设积累了宝贵的经验。

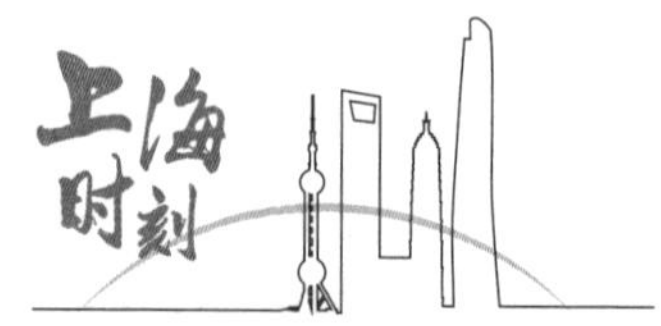

新中国第一部彩色电影
——《梁山伯与祝英台》

8

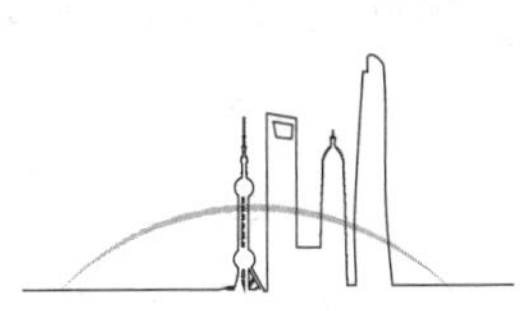

名称:《梁山伯与祝英台》

主要演员:袁雪芬、范瑞娟等

上海时刻:1953 年底

梁山伯与祝英台的凄美爱情故事是中国古代四大爱情传说之一,在民间流传数千年,历来为人称颂。1952 年秋,第一次全国戏曲观摩大会在北京举行,著名越剧演员袁雪芬、范瑞娟在中南海怀仁堂演出越剧《梁山伯与祝英台》。毛泽东、刘少奇、周恩来、朱德等党和国家领导人出席观看,并给予了高度的评价。1952 年底,上海电影制片厂接到中华人民共和国文化部发来的通知:毛主席指示,要把《梁山伯与祝英台》拍成彩色电影。

传统戏剧上荧幕

听到这一振奋人心的消息,上海电影制片厂群情激奋,跃跃欲试,立刻确定徐进、桑弧任编剧,桑弧、黄沙任导演,并邀请袁雪芬、范瑞娟分别饰演祝英台和梁山伯。当时一部黑白电影需要投资近 20 万元,彩色电影更要翻倍。尽管财政紧张,但还是投入拍摄了。由于担心技术不过关、投资过大,中国电影制片厂数次劝说上海电影制片厂改拍黑白片。对此,苏联专家也泼冷水。面对困难,以桑弧领衔的剧组不改初衷,坚定地说:"凡事开头难,只要大家齐心协力,拍摄成功的彩色片还是有希望的。"

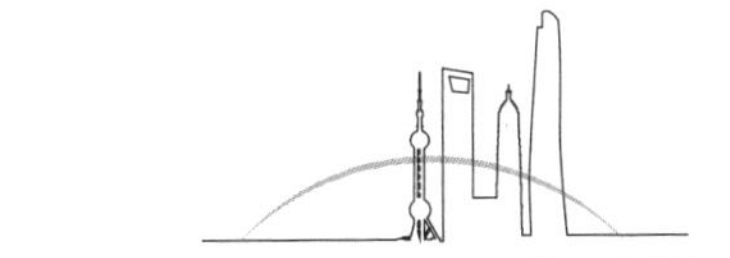

克服万难奔目标

因为灯光、药水等方面都不成熟，拍摄过程中遇到了不少难题。演员们经常一边在电影厂拍摄，一边看着工作人员拿着小瓶子药水做实验，看胶片的色彩是否鲜艳明亮以及画面上的景物、人物层次是否分明。另外，因为当时使用的两盏从苏联进口的阿克炭精灯无法保障充足的光源，所以上海电影制片厂从上海防空部队借来探照灯，白天用来照明拍戏，晚上送回去防空照明。1953 年的夏天，天气特别炎热，演员们每天演出十多个小时，那么多灯照射着，很多演员每天拍完戏后，脸都浮肿了。两位主角也是如此。范瑞娟的眼睛受不了灯光的刺激，肿得有葡萄那般大小，但她咬牙坚持，一边点眼药水，一边拍戏。另一位主角袁雪芬情况更糟，由于劳累过度，十二指肠溃疡发作，但她仍然一边吃药，一边坚持拍戏。正是这样一群敬业的电影演员和戏剧工作者的辛勤付出，经过 11 个月的努力，1953 年底，终于拍成彩色电影《梁山伯与祝英台》。时任上海市市长陈毅亲自审查样片，对这部电影大加赞赏。

东西方艺术交融的典范

越剧婉转悠扬的唱腔，再加上梁山伯与祝英台爱情故事的高认知度，结合袁雪芬和范瑞娟出神入化的表演，整部电影如诗如画，在全国各地放映后，风靡一时。这部电影对于西方观众来说，也是颇有吸引力的，将东方戏曲与电影相结合，为东西方艺术进一步交流和融合提供了范式。周恩来总理曾多次用这部电影招待外国记者和友人，很多外国记者被这种陌生而优美的电影故事与华夏文化所感染。

《梁山伯与祝英台》享誉国际影坛，多次获得国际大奖。如 1954 年获第八届卡罗维发利国际电影节音乐片奖；1955 年获第九届爱丁堡国际电影节映山奖。电影大师卓别林看过说："我从来也没有见过这样一部非凡的影片。"

我国历史最悠久的音乐舞蹈节
——“上海之春”

9

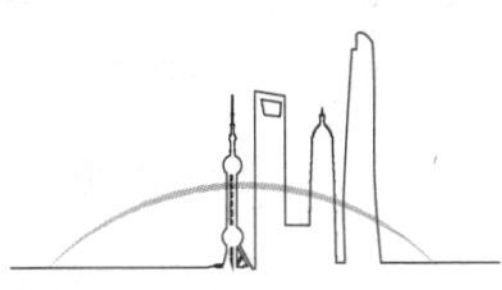

名称：“上海之春”

地点：上海大剧院

上海时刻：1960 年 5 月

上海解放后，为丰富人民群众的文化生活，上海市人民政府采用会演、调演等形式开展地区内、地区间的交流，组织观摩、评比等活动，以此来推动文化艺术事业的发展。1960 年 5 月，这些活动被正式定名为“上海之春”，一直延续至今，是中华人民共和国成立后举办最早、持续最久的音乐舞蹈节。

孕育艺术的摇篮

1960 年 5 月，第一届“上海之春”由中国音乐家协会、中国舞蹈家协会上海分会和上海市文化局共同主办。在这届音乐舞蹈节上涌现出许多脍炙人口的曲目，如小提琴协奏曲《梁山伯与祝英台》、大提琴协奏曲《嘎达梅林》、合唱《六十年代第一春》、民乐合奏《东海渔歌》等。这些作品后来都成为传世之作，影响了一代又一代中华儿女，成为我国文化艺术领域的瑰宝。

自举办之日起，每年一次，连续举办了七届。每一届“上海之春”的演出，不仅是对专业音乐舞蹈演出的一次检阅，同时也是一个群众性的音乐舞蹈节日。除了老一辈艺术家的精湛表演外，也涌现出一批光彩夺目的青年演员。

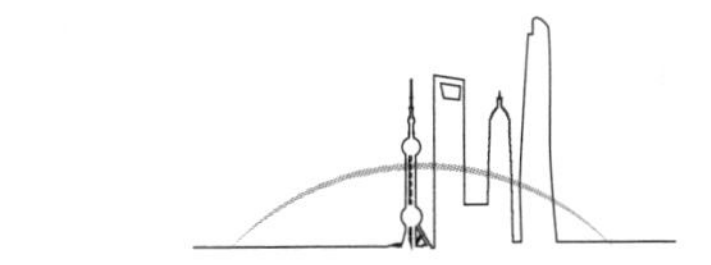

涅槃重生再创辉煌

不过遗憾的是，“上海之春”在“文革”期间一度中断，十年后才得以恢复。恢复后的“上海之春”改为每两年一届，但演出的节目题材更加丰富，形式更加创新，包括交响乐、歌剧、舞剧、民乐合奏以及各种独唱、重唱、独奏、重奏、协奏等。据不完全统计，从第一届“上海之春”到第八届“上海之春”，共有105台节目，演出304个场次，观众达65万人次，大大丰富了人民群众的文化生活。

与时俱进多创新

进入21世纪，“上海之春”又注入了新的形式、理念和意义。2001年，“上海之春”与上海国际广播音乐节合并为上海之春国际音乐节，在继续秉承传统宗旨的同时，又与时俱进，增设了新的项目和内容。上海之春国际音乐节受到海内外的广泛关注，不仅表演形式更加丰富多彩，而且参与者也越来越多，甚至连国外优秀表演艺术家也纷纷前来参加，给广大上海人民带来了全新的艺术享受。

文化建设作贡献

作为上海艺术品牌、城市文化名片，“上海之春”成为培育音乐人才的摇篮，无论是在社会上还是在音乐界都享有盛誉。其主要贡献在以下几方面。一是推动了音乐创作的繁荣，造就了一批传世之作。历数“上海之春”推出的新作数量当在五六百部之上，如小提琴协奏曲《梁山伯与祝英台》、管弦乐序曲《红旗颂》等。二是造就了数代上海作曲家群体。上海凡是有建树的作曲家，几乎无一例外都是依托“上海之春”这一舞台展示才华、成熟成名的。三是在提携、扶持新人方面成绩非凡。著名二胡演奏家闵惠芬、著名小提琴教育家郑石生、著名小提琴演奏家和教育家俞丽拿等都是在“上海之春”的舞台上成长起来的。四是在促进中外音乐文化交流以及增加群众文艺活动方面也作出了重大的贡献。

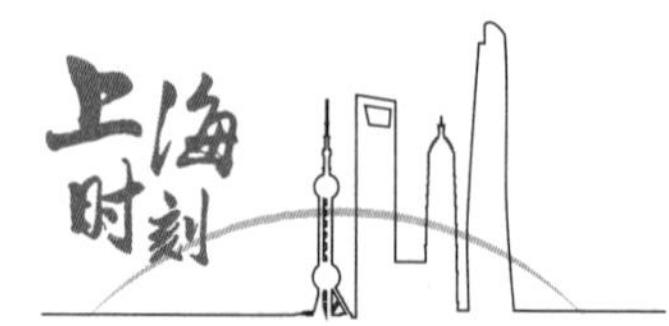

上海大剧院（摄影：郑旦军）

宝钢建设打下改革开放第一桩

10

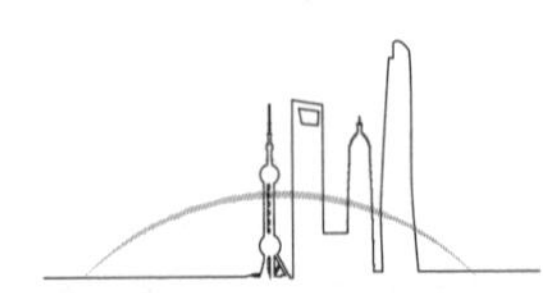

名称：上海宝山钢铁总厂工程

地点：上海宝山钢铁总厂

上海时刻：1978 年 12 月 23 日

1978 年 12 月 23 日，在上海长江口畔的宝山钢铁总厂工程建设工地上，某工人坐在打桩机驾驶室里，全神贯注地盯着管桩顶部，等待启动打桩机。随着打桩令下，他灵活地操作着驾驶手柄，桩锤高高抬起，慢慢落下，“当”的一声，桩口精准地套进了桩帽。第二根、第三根……伴随着激动人心的锤击声，千万根钢管桩在东海之滨落地生根，坚定地撑起了一座现代化钢城。

新建上海宝山钢铁总厂

钢铁是国家工业化不可或缺的金属材料，而改革开放之前，我国钢铁产量严重不足，严重制约着国民经济的发展。中华人民共和国成立之初，中国钢铁的年产量只有 15.8 万吨。1978 年 8 月，国务院正式批准上海宝山钢铁总厂工程建设。

上海宝山钢铁总厂（以下简称“宝钢”）占地约 11 平方千米，由焦化、炼铁、炼钢、初轧、钢管 5 个主要生产厂以及自备电厂、能源中心、水运码头、中央机修等辅助设施组成。1978 年 12 月开始建设，分两期进行。1985 年 9 月，一期工程建成投产，全套设备和技术都是从日本引进的。资料显示，日本前后有 4500 多人来华商谈，谈判 13000 多次，仅消化技术资料、图纸就有 320 吨。

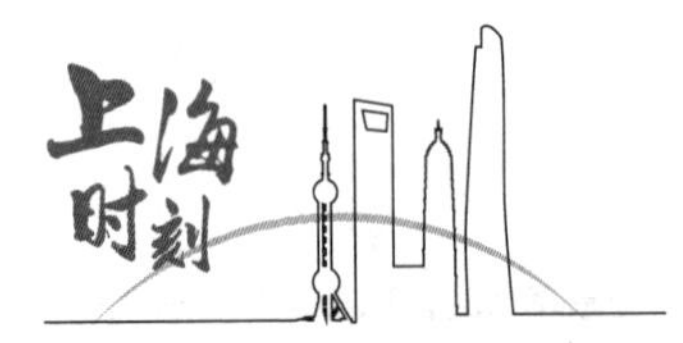

举全国之力办好宝钢

这是当时中国投资最多、规模最大并且全套引进国外设备的头号工程，备受瞩目，中央要求“举全国之力办好宝钢”。背负着全国人民的殷切期待，宝钢工人勤学苦干，发扬雷锋的螺丝钉精神，培养了一支优秀的工人队伍，用优秀的成绩打消了日本专家对我国能否经营好现代化钢厂的质疑。

宝钢一期工程顺利投产，表明我国不仅能够建设现代化的钢铁企业，而且能够生产出具有国际水平的产品。此后，宝钢在邓小平同志“要掌握新技术，要善于学习，更要善于创新”的鼓舞下，走出了一条引进、借鉴、消化、吸收、创新、提高的企业道路。

中国钢铁工业的里程碑

宝钢建设对于中国钢铁工业的发展具有里程碑的意义。通过全套引进国外先进技术装备，宝钢实现了硬件方面的赶超，使中国钢铁工业技术装备水平与世界先进水平的差距至少缩短了 20 年。它结束了中国钢铁工业只能提供汽车内饰材料的历史，并开始向世界各大著名汽车厂供货；打破了外国企业对冰箱面板和高跨度钢索斜拉桥的垄断；让中国人用上了自己的钢制易拉罐；让中国的 1 元硬币用上了国产钢……2002 年建成的卢浦大桥全部采用国产钢，其中宝钢产品占该桥用钢量的 70% 以上。

经过数十年的发展，宝钢成为中国规模最大、品种规格最齐全、高技术含量和高附加值产品份额比重最大的钢铁企业。2016 年 9 月，宝钢集团与武汉钢铁（集团）联合重组，成立中国宝武钢铁集团，年产粗钢规模位居中国第一、全球第二，成为中国乃至全球钢铁行业最具影响力的企业之一。

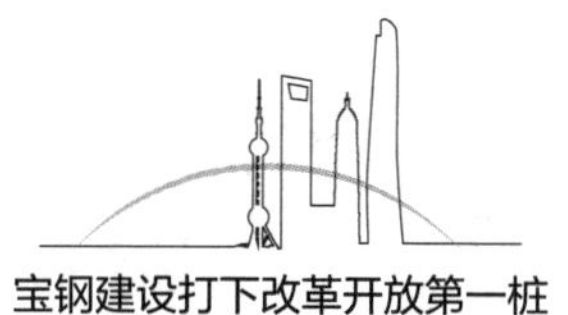

我国自力更生制造第一台万吨水压机 11

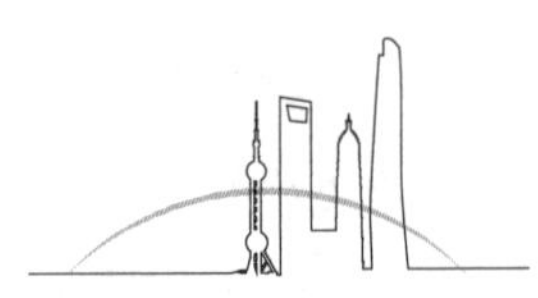

名称：万吨水压机

地点：江南造船厂

上海时刻：1962 年 6 月 22 日

1893 年，美国制造出第一台万吨水压机。自此以后，万吨水压机成为世界各国竞相发展航空、船舶、重型机械、军工制造等产业的关键设备。万吨水压机不仅是一个国家发展工业的核心装备，也是一个国家工业实力的重要象征。

上海挑起重担

中华人民共和国成立后，虽然确立了优先发展重工业的国家战略，但重工业发展所需的设备条件和技术能力却严重不足，特别是缺乏大型锻压设备，所需大型锻件一直依赖进口。1958 年 5 月，为了改变这种状况，时任煤炭工业部副部长沈鸿致信毛主席，建议自行建造万吨水压机。在毛主席的支持下，中国决定自力更生制造万吨水压机，具体由江南造船厂设计制造，由沈鸿到上海负责组织实施。随后，上海便成立了由沈鸿任总设计师、林宗棠任副总设计师的设计班子。

实践中诞生设计方案

然而，要制造万吨水压机谈何容易！除了沈鸿于 1954 年在苏联乌拉尔重型机械厂见过万吨水压机外，一些设计人员甚至从未见过水压机。在沈鸿和林宗棠的带领下，设计人员用一年半的时间跑遍了全国各地，考察和了解不同类型水压

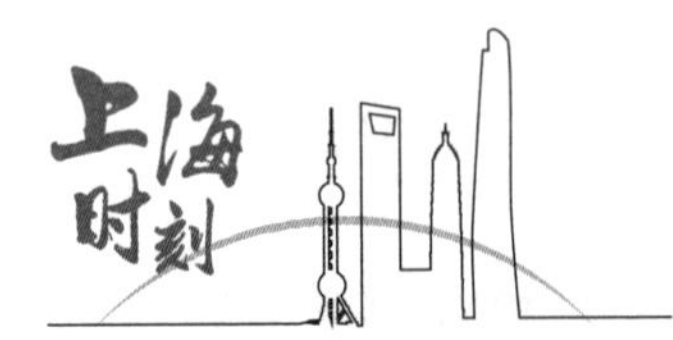

机的结构与原理，还收集了大量关于水压机的图纸资料和技术情报。1958 年底，苏联专家陆续撤离。没有专家指点，设计组只能靠自己画图纸，但由于绝大部分设计人员从未画过图纸，心里没底。沈鸿提出可以做模型，从纸模型、铁皮模型到橡皮泥模型，做了无数个。在模型试验基础上绘制图纸，仅总图就绘制了 15 次，并为 46000 多个零部件绘制了大小 10000 余张图纸。为了从实践中摸索经验，接着设计组又先后以 1∶100、1∶10 的比例制造了两台模拟试验水压机。通过反复试验，在切实掌握第一手资料后，最终确定了万吨水压机的总体设计方案。

勇闯五关不服输

1959 年 2 月 14 日，江南造船厂组成一支 200 人左右的万吨水压机工作团队，正式开始制造万吨水压机。在上海重型机器厂等兄弟厂的大力支持下，江南造船厂的工人们自力更生，奋发图强，精心制作了 6000 多个主机零部件，并相继闯过了“金”“木”“水”“火”“电”五大难关。“金”指的是特大件金属的切削，“木”指的是用楞木解决重件起重运输的问题，“水”指的是水压机试验，“火”指的是热处理，“电”指的是电渣焊。在落后的设备条件下，每一关都是靠着江南造船厂工人的土办法、穷办法和巧办法闯过去的，每一关都是凝结着设计人员和工人们的智慧和不服输的干劲。

重型机械制造的新历史

1961 年 12 月 13 日，万吨水压机的 46000 多个零部件加工完毕运至工厂，用两部重型行车将横梁吊装进四根立柱内，只用 2 个月时间就完成了总装。经过多次应力测定试验和超负荷试验，水压机各个部件正常运转，未发现不良现象。

1962 年 6 月 22 日，上海江南造船厂经过四年努力制造的 1.2 万吨自由锻造水压机试车成功。它的成功，标志着我国重型机械制造进入了一个新的历史阶段。我国成为世界上第五个拥有制造万吨级以上大型锻压设备技术和能力的国家，标志着中国重工业体系的初步奠定。

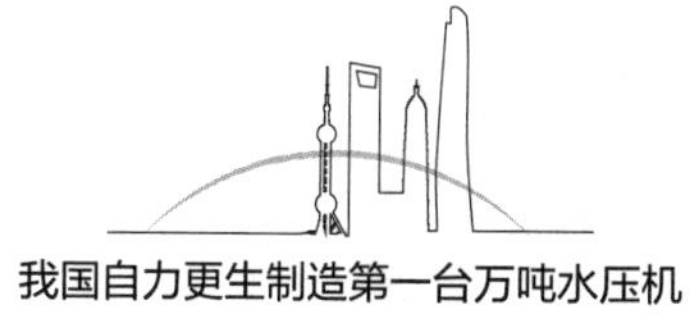

我国自行设计制造第一艘万吨远洋货轮 12

名称：“东风号”

地点：江南造船厂

上海时刻：1965 年 10 月

1968 年 1 月 8 日，新华社报道的一条消息让全中国人为之振奋：我国第一艘自行研究、设计、建造的万吨远洋货轮“东风号”建成。

仿制品开创自研之路

20 世纪 50 年代中后期，毛主席连续视察江南造船厂、芜湖造船厂，发出“我们要造大船、造快艇”的号召，这极大地鼓舞了造船厂的工人、干部和技术人员。他们下定决心要建造出中国人自己的万吨轮船。经过努力，1958 年 11 月 27 日，他们利用苏联转让的技术和设备建造了我国第一艘“567”型万吨远洋货轮，命名为“跃进号”。严格来说，这只是一艘仿制品，不过却为后面开展自主研制积累了经验。毛主席要求有关部门以自力更生为基点把转让建造与改进提高和国产化相结合，走自主研制的发展之路。随后，自行研究、设计、建造万吨远洋货轮的计划被列为国家科学技术发展十年规划的重点项目。

大胆设想，小心论证

1959 年初，由江南造船厂承接的建造万吨远洋货轮的任务正式启动。为了建造万吨远洋货轮，工人们纷纷表态：“过去祖国造船工业没有的仪表、

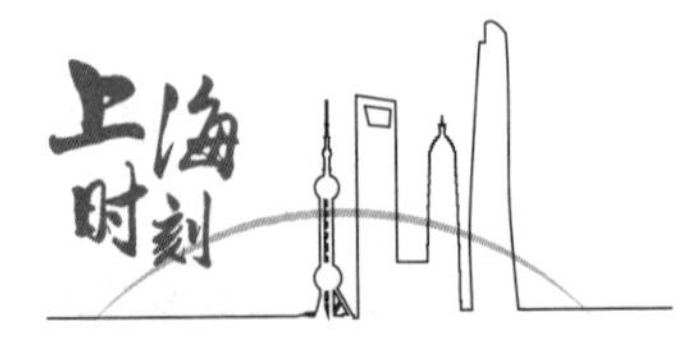

设备，我们要把它造出来；过去没有的新工艺，我们要掌握起来；书本上没有的新技术，我们要把空白补上。”尽管信心满满，但刚一开工就在第一道工序——船体放样环节遇到了不小的麻烦。所谓放样，就是把设计图纸变成生产工人据以施工的实船，工人按照样板去切割、焊接，直至造出整船。由于受场地限制，工人无法按实船 1∶1 比例进行线型放样。造船工人和技术人员经过仔细研究，决定采用等比例缩小四分之三的方法，并采用线型活络多用样板替代单用样板。这样不仅解决了场地不够的问题，还节省了材料和提高了效率。有了这次突破后，技术人员信心更足了，决心大胆创新。进入船体装配前，蔡德福等技术人员查阅了数百份图纸和资料，经过反复研究和学习苏联造船装配方法及大连造船厂的组建方法，以三岛式建造法替代过去的双岛式建造法，使万吨远洋货轮底板一上船台即可分三路同时进行，速度提高了近 5 倍。

坚决不让问题过夜

在解决了重大关键技术问题后，工人们还发明了很多“土办法”。万吨远洋货轮上有三根人字桅杆，每根高 20 余米，重 20 余吨。若要将桅杆顺利安装到船上，起重设备的高度至少需要 30 米，吊装能力至少上百吨。然而，造船厂里最大的起重设备是一架只有 40 吨的高架吊车，最大高度为 28 米。该怎么办呢？此时，工人们有一个不成文规定，那就是“坚决不让问题过夜”，即使遇到再棘手的难题，也一定在当天解决。于是，车间请来重工段长陶木荣一起商量。陶段长虽然只有小学文化，但在业务方面却是高手。他提出采用平衡木的原理，将桅杆先吊到甲板上，然后在底部焊上马脚固定住，再用卷扬机慢慢拉起来竖直。经过技术人员反复推敲后，大家决定按这种方法试验一下，果然取得了成功。这个“土办法”不仅解决了吊车的高度问题，还加快了吊车的吊装速度。

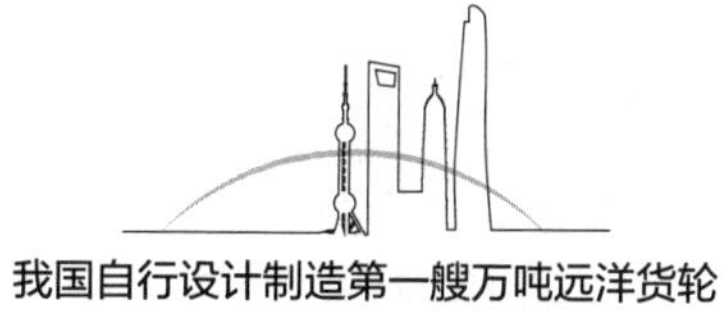

带动了一系列技术革新

江南造船厂围绕万吨远洋货轮生产技术的关键环节，先后进行了 300 多项重大技术革新，改进了 180 余件工艺和设计，工厂机械化程度从原来的 37.9% 提高到 97.8%。这些技术革新项目的实现，为万吨远洋货轮的顺利下水创造了条件。与此同时，全国 18 个部、16 个省市的 291 家兄弟工厂克服了技术、材料设备和人力上的困难，先后提供了 2600 多项器材设备。

船壳与船体的五年之约

1960 年春，“东风号”船壳组建成功。1960 年 4 月 15 日，黄浦江畔的码头上，彩旗飘飘，锣鼓喧天，人山人海。上海海运局局长李维中，代表中华人民共和国交通部正式命名该船为“东风号”。“东风号”船壳下水后，接下来是建造船体。由于自然灾害和经济困难的双重影响，“东风号”船体的试制与安装工作一度陷入停滞状态；再加上由于缺乏经验和技术参数资料，船舶的“动力心脏”——柴油机碰到了技术瓶颈，生产的柴油机出现了很多问题。但经过技术人员不断的修正、改进、反复试验及整机调试，历时 5 年，这些问题终于解决了。经专家评估，已基本满足设计要求，可以正式安装到“东风号”上了。

“东风号”扬帆试航

1965 年 10 月，“东风号”装配成功，开始试航。在试航途中，它两次遇到 9 级以上强风，圆满完成了国家鉴定大纲所规定的试验项目。经过检验和测试，该船的快速性、装载量、钢材消耗量和机舱长度等指标均达到了当时的国际先进水平。

我国首枚探空火箭在上海试射成功 13

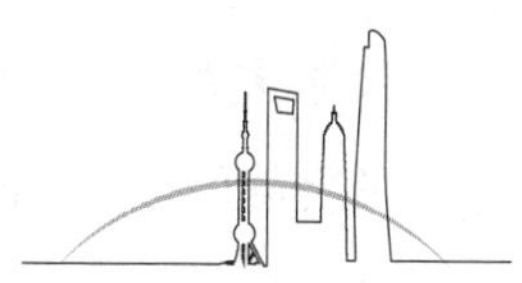

名称："T-7M"火箭

地点：浦东新区南汇老港镇

上海时刻：1960 年 2 月 19 日

20 世纪 50 年代，美、苏两国展开了疯狂的太空竞赛。眼看着两个超级大国都跑步奔向太空，中国也开始了探索太空之路。1958 年 5 月，毛泽东向广大科研工作者发出"我们也要搞人造卫星"的号召。随后，中国科学院将研制人造卫星列为当年的第一项重点任务，在钱学森和赵九章等人的领导下，很快就成立了卫星和运载火箭总体设计院、控制系统设计院以及卫星有效载荷设计院等研究机构。

首要任务的制定依据

探空火箭是一种用于近地空间探测和科学试验的火箭，其结构简单，飞行高度介于探空气球和卫星之间。1926 年 3 月 16 日，美国科学家罗伯特·戈达德发射了世界上第一枚液体燃料助推火箭。为何上海机电设计院要把研制"探空五号"（以下简称"T-5"）火箭作为首要任务呢？因为与我们常说的火箭相比，探空火箭结构简单、成本低廉、发射方便，再加上当时调入上海机电设计院的几百位研制人员大多是刚走出校门的大学生和中专生，缺乏航天领域的相关知识和经验。在一无资料二无图样的情况下，大家一致认为研制推力较小、结构简单的探空火箭不仅可以锻炼队伍，而且可以为以后研制大型运载火箭积累经验。

从“探空五号”到“探空七号”

经过一年的努力，虽然组装出了一枚“T-5”火箭，但由于工业基础太薄弱，特别是缺少大型发动机试车台和自动控制系统部件，“T-5”火箭连飞行试验都没做就被送进了展览馆。在钱学森的建议下，上海机电设计院决定研制起飞质量只有 1.138 吨、飞行高度仅数十千米的“探空七号”（以下简称“T-7”）火箭。再小的火箭也是火箭，摆在研究员们面前的问题依然多如牛毛。经过一番讨论后，大家一致同意先做一个起飞质量只有“T-7”火箭十分之一的模型火箭“T-7M”。

“T-7M”火箭奔向蓝天

1960 年 1 月，“T-7M”火箭如期出现在浦东新区老港镇的发射场上。谁知，火箭刚一点火，瞬间就变成一团火球燃烧起来！望着熊熊火焰，所有人都愣住了。痛定思痛，王希季迅速率领研制人员排查失败原因。原来，在火箭启动时，一个与推力室相连的管路被震裂了，大量推进剂的外泄引发了大火。

1960 年 2 月 19 日，一枚崭新的“T-7M”火箭再次屹立在东海之滨的发射场上。16 时 47 分，随着王希季的一声令下，只见发射架旁霎时涌起滚滚白烟，“T-7M”火箭在轰鸣声中奔向蓝天。当“T-7M”火箭逐渐消失在人们的视野里，所有人的眼眶都湿润了，大家一起欢呼：“成功了！成功了！”

八千米是起点

“T-7M”火箭虽然只飞了八千米，但它完全是由中国人自己设计和制造的，从确定方案到发射成功，仅用了不到半年的时间，堪称神速。1960 年 5 月，毛主席在上海新技术展览会上参观了我国自力更生研制的“T-7M”火箭，称赞这是一项了不起的成就。如今，我国的航天事业早已今非昔比，而这一切的起点正是“T-7M”火箭看似微不足道的八千米！

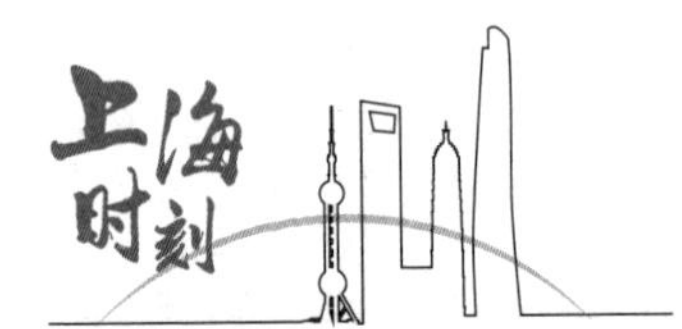

世界上第一例成功的断肢再植手术 14

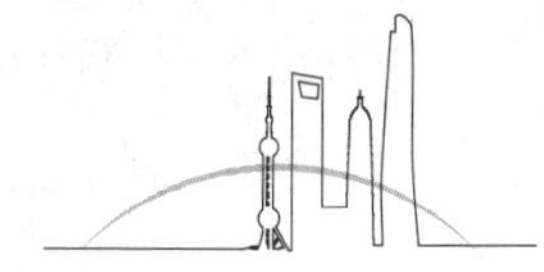

名称：世界上第一例成功的断肢再植手术

地点：上海市第六人民医院

上海时刻：1963 年 1 月 2 日

1963 年 1 月 2 日清晨，一名叫王存柏的上海青年在工友的陪同下急匆匆地来到上海市第六人民医院（以下简称“上海六院”）。这名 27 岁的男性钳工，在工作中不幸被机床上的冲刀轧断了右手，一起送到医院的那只离断的右手还套在工作手套里。

一场创造历史的手术

接诊后，上海六院的医护人员立刻忙碌起来。但按照当时的医疗水平，医生对于这样的伤情所能做的也就是清理创面和包扎伤口，等伤口愈合后再装上假手。接断掉的骨头对陈中伟医生来说可谓驾轻就熟，但断肢再植手术的关键是修复血管，没有血管为离断的肢体输送血液，肢体便无法存活。

但面对伤者期盼的眼神，经认真诊断，陈中伟医生果断决定立即为王存柏实施断肢再植手术，一场创造历史的手术开始了。陈中伟、钱允庆等医生分秒必争，全力以赴，攻克众多难关：接上骨头、缝合肌腱、连接血管……经过 7 个小时的奋战，医生们终于抢在断手组织坏死前接上了主要血管，手术顺利完成，万里长征走完了关键一步！手术后，陈中伟医生和医护人员密切观察病人的情况，采用切开减压、严密消毒等措施解决了术后肿胀的难题。经过细心的

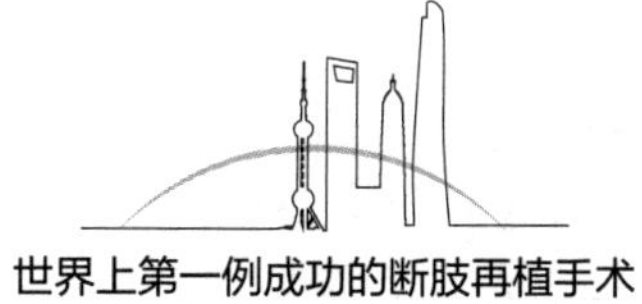

护理和精心设计的术后康复，6 个月后，令人惊喜的奇迹发生了——王存柏的五个手指全部存活！他本已被判死刑的右手又可以伸屈活动和握笔写字了，甚至可以提重物了。经过进一步的康复训练，王存柏出院后不仅生活能够自理，还可以用自己的双手穿针引线、打乒乓球等。一年后，他高高兴兴地返回工厂，重新回到了原先的工作岗位。

中国医学界的荣誉

1963 年 8 月 6 日，《人民日报》头版头条发表了王存柏断肢再植成功的消息。1963 年 9 月，在罗马举行的第 20 届国际外科手术会议上，来自世界各国的外科专家一致认为，陈中伟、钱允庆等医生共同完成的断肢再植手术，是世界医学史上第一例完全成功的断肢再植手术。陈中伟因此被国际医学界称为“世界断肢再植之父”。

“再造手”手术

断肢再植手术的成功大大鼓舞了上海医生，面对全国各地慕名而来的各类病患，艺高胆大的上海医生向新的难题发起了进攻。1978 年 10 月，时任上海六院骨科主任于仲嘉决定为在工程爆破中失去双手的高天社实施“再造手”手术。于仲嘉医生先用特种钢材代替缺失的掌骨做成人造手掌，然后再在手掌的基础上移植两个脚趾做手指。高天社的手再造成功了，这也是世界上第一例有感觉、能活动的新“手”。

世界上第一例断肢再植手术的成功，推动了国际医学界开启显微外科的大门，这是中国医学对当代国际医学最重大的贡献之一，为无数病人带来了福音。

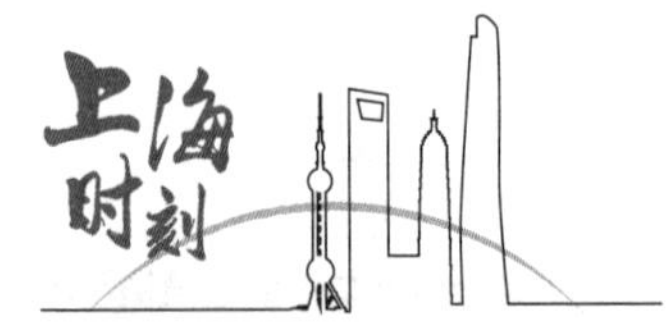

探索生命之门
——首次人工合成结晶胰岛素

15

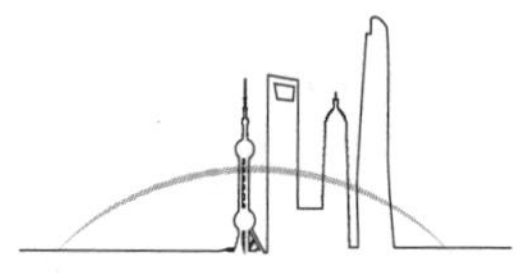

名称：首次人工合成结晶胰岛素

研究机构：中国科学院上海生物化学研究所，中国科学院上海有机化学研究所，北京大学生物系

上海时刻：1965 年 9 月 17 日

胰岛素作为糖尿病的必备药物早已为人所熟知。但很少有人知道 50 多年前，我国科学家在极其困难的环境下，在上海第一次用人工方法成功地合成了结晶胰岛素，这是世界上首次人工合成蛋白质，也是人们在认识生命现象历史上的一次飞跃。

一项很难完成的课题

蛋白质是生命的物质基础，其研究一直被称为破解生命之谜的关键点。20 世纪 50 年代，蛋白质是全世界生物化学研究的热点。胰岛素是蛋白质的一种。1955 年，英国科学家弗雷德里克·桑格率先测定了胰岛素的氨基酸序列，开辟了人类认识蛋白质分子化学结构的道路，也因此获得了 1958 年的诺贝尔化学奖。虽然胰岛素的结构清楚了，但限于当时的条件，人工合成胰岛素还是一项很难完成的课题。20 世纪 50 年代末，科学界权威的《自然》杂志曾刊文预测：人工合成胰岛素还有待于遥远的将来。

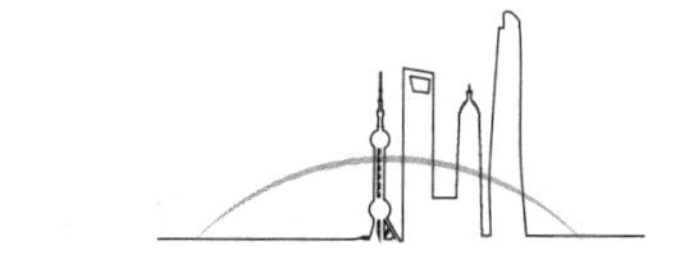

一切从零开始

1958 年 12 月底，中国科学院上海生物化学研究所首先提出了开展人工合成胰岛素的课题，与中国科学院上海有机化学研究所、北京大学生物系组成研究小组，在前人对胰岛素结构研究的基础上，开始探索用化学方法合成胰岛素。北京大学的邢其毅教授、张滂教授等带领年轻的学生开展研究；中国科学院上海生物化学研究所则建立了由邹承鲁、钮经义、曹天钦、沈昭文等人分别负责的 5 个研究小组，他们也各带了一批年轻的科研人员分头探路。

当时的中国一穷二白，没有任何蛋白质合成的经验，除了制造味精外，甚至没有制造过任何形式的氨基酸。一切都是从零开始，科学家们面临着难以想象的困难。为了解决材料问题，年轻的科学家们甚至亲手搭建了专门合成氨基酸的厂房，保证研究过程中氨基酸的供应。他们夜以继日地开展研究，不分昼夜地进行实验，在摸索中经历了一次次失败的打击……终于在 1959 年，邹承鲁领导的研究小组首先实现了天然胰岛素的拆合，为人工合成胰岛素的研究解决了第一个关键问题。

成功合成结晶胰岛素

在中央的支持下，各研究小组经过 6 年多坚持不懈的努力，终于在 1965 年 9 月 17 日，首次用人工方法合成了结晶胰岛素。在研究人员紧张的注视下，显微镜下一个个完美的六面结晶体闪耀着动人的光泽，随后他们将结晶胰岛素配成剂量后在小白鼠身上检验活性，证明了纯化的人工合成胰岛素确实具有和天然胰岛素相同的活性。中国科学家研究出了人工合成结晶胰岛素！

1965 年 11 月，这一重要的科学研究成果首先以简报形式发表在《科学通报》杂志上。1966 年 3 月，人工合成结晶胰岛素的研究工作在《科学通报》杂志上全文发表后，引起了国际科学界的注意。1966 年 4 月，国际生化学会邀请王应睐、邹承鲁、龚岳亭参加欧洲生化学会联合会议，向全世界介绍这一伟大的胜利成果。自此以后，一些著名科学家来到中国，纷纷造访中国科学院上海

生物化学研究所。

生物化学发展史上的里程碑

人工合成胰岛素在生物化学与分子生物学发展史上具有里程碑的意义。它的合成，促进了生命科学的发展，开辟了人工合成蛋白质的时代，在我国生物化学的发展史上产生了深远的影响。它有力地推动了我国生命科学基础系列的研究，加快了国内外与胰岛素有关的激素研究和应用，促成了生化试剂和药品的生产，为挽救人类生命作出了重大的贡献。

人民日報

我們一定要有无产阶級的雄心壮志，敢于走前人沒有走过的道路，敢于攀登前人沒有攀登过的高峰。

毛泽东思想武装的中国人民有志气有能力攀登前人没有攀登过的高峰

我国在世界上第一次人工合成結晶胰島素

科学工作者在毛泽东思想指导下，经过六年多的艰苦工作，为我国夺得了这项理论科学研究的"世界冠军"。这一杰出的重大成就，标志着人类在揭开生命奥秘的伟大历程中迈进了一大步，为生命起源的唯物辩证学说取得了一项有力的新论据。

1966 年 12 月 24 日，《人民日报》报道人工合成结晶胰岛素

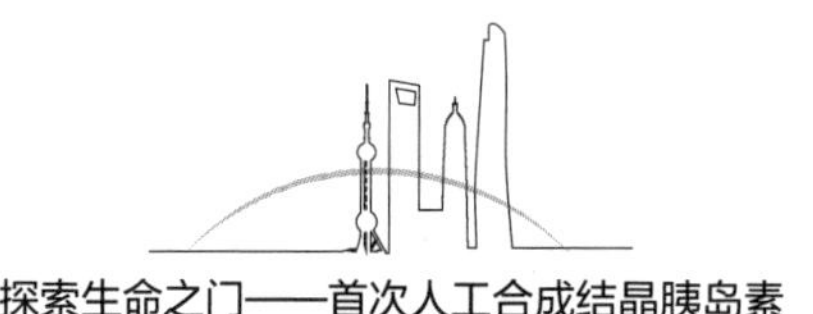

“风云一号”开启我国气象卫星新纪元 16

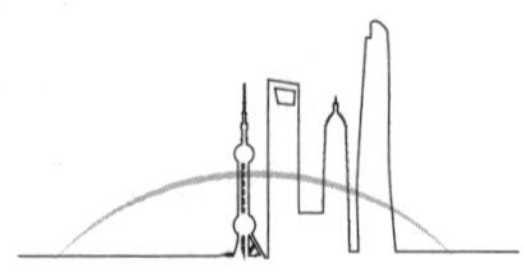

名称：“风云一号”

研究机构：中国航天科技集团上海航天技术研究院

上海时刻：1977 年 11 月

“风云一号”是我国研制的第一代太阳同步轨道气象卫星。20 世纪 70 年代初，中国气象卫星事业刚刚起步。是自己造卫星还是花钱买卫星，国内有两种截然不同的声音。一种观点是坚持走自力更生、自主研制的道路，另一种观点是坚持“造星不如租星，租星不如买星”。时任中国气象局局长邹竞蒙力排众议，极力倡导自主研制。

1977 年 11 月，在气象卫星工程第一次总体方案论证会上，确定气象卫星工程代号为“七一一”，将我国第一代太阳同步轨道气象卫星命名为“风云一号”，正式开启风云纪元。值得一提的是，“风云一号”主要由中国航天科技集团上海航天技术研究院研制。

“风云一号”A 星

1988 年 9 月 7 日，凌晨 4 时 30 分 19 秒，我国第一颗自主研制的太阳同步轨道气象卫星“风云一号”A 星在山西太原成功发射，准确进入太阳同步轨道。数小时后，在世界气象组织第二区域协会第九届会议上，时任世界气象组织主席、中国气象局局长邹竞蒙手举一张卫星云图，向与会代表展示了“风云一号”A 星提供的首图。

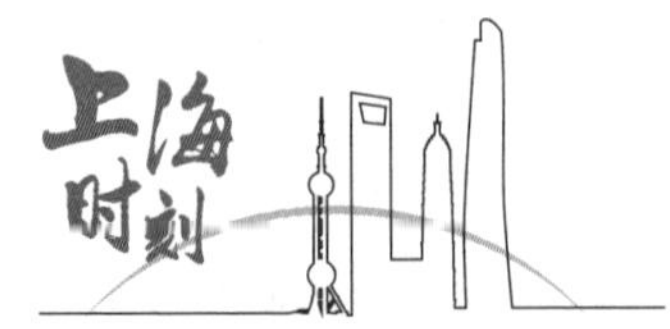

这张照片凝聚着广大气象工作者的努力。卫星从太空中拍摄、收集的数据需通过地面接收站接收，并实时把数据传送至国家卫星气象中心，迅速处理成各种定量产品和图像，发送给众多用户。

“风云一号”A 星的成功发射，是中国气象卫星史上浓墨重彩的一笔，是我国卫星和地面系统建设从无到有的重要节点。从此，我国告别了完全依赖外国气象卫星数据的历史，拥有了属于自己的卫星体系。

“风云一号”C 星

气象卫星的研发过程并非一帆风顺，从 A 星到 B 星，我国积累了许多宝贵的经验。1999 年 5 月 10 日，“风云一号”C 星成功发射，在轨稳定运行长达 7 年，超期服役 5 年。该星完成了我国气象卫星研制历史上由屡遭挫折到圆满成功的完美转身，被誉为“太阳同步轨道长寿第一星”，揭开了我国长寿命、高可靠性卫星的运行历史。作为我国第一颗三轴稳定太阳同步轨道气象卫星，该星突破了三轴稳定姿态控制技术等多项关键技术，翻开了我国气象卫星事业上新的一页。

“风云一号”C 星的成功发射还有另一层特殊的意义。发射前两天，即 5 月 8 日，中国驻南斯拉夫联盟大使馆被以美国为首的北约轰炸，该星的成功发射在国内外引起了巨大轰动，在我国政治外交上发挥了积极作用，也鼓舞了广大的中国公民和海外侨胞。由于该事件的重大作用，因此被铭刻在中华世纪坛，作为 1999 年我国重大事件之一，昭示后人，激励来者。

如今，我国已成功发射 17 颗风云系列气象卫星，现有 8 颗卫星在轨运行，是世界上三个同时拥有太阳同步轨道和静止气象卫星的国家（组织）之一。风云气象卫星已成为世界气象组织观测网的重要成员，是我国遥感卫星中应用范围最广、效益发挥最好的卫星系列，被誉为遥感卫星运营服务的榜样、民用卫星业务服务的典范。

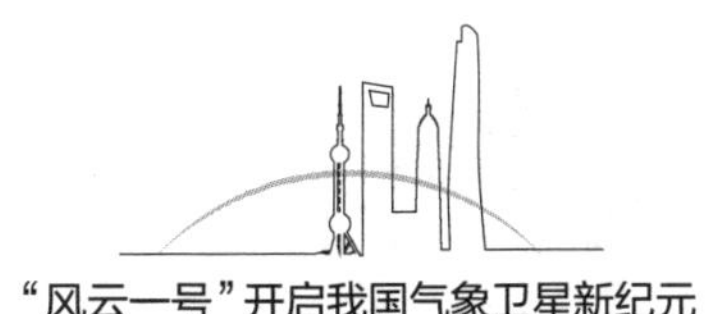

上海有机农业“活名片”
——马陆葡萄

17

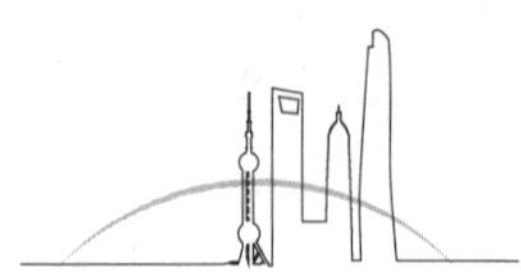

名称：马陆葡萄

地点：嘉定区马陆镇

上海时刻：20 世纪 80 年代初

一片叶子供养一粒果实，马陆葡萄早在 20 世纪 80 年代就以其规模和效益闻名于大江南北。20 世纪 80 年代初，“马陆葡萄之父”单传伦老先生在马陆镇园艺场种下 2.2 亩巨峰葡萄，从此拉开了马陆葡萄的序幕。马陆因葡萄而闻名，葡萄也成为马陆、嘉定乃至上海的一张名片。

从没有葡萄到葡萄之乡，从单纯的葡萄种植到集科研、示范、培训、休闲于一体的全国农业旅游示范基地，马陆葡萄已成为业界翘楚。

马陆葡萄研究所

马陆葡萄研究所成立于 1992 年秋天。当时，马陆葡萄已经发展了 10 多年，种植面积 8000 多亩。在周边地区及全国各地葡萄产业的发展浪潮中，马陆葡萄受到了严重冲击，种出来的葡萄卖不掉，大部分农民都在亏本，葡萄产业陷入困境。在严峻的形势面前，马陆葡萄研究所决心依靠科技，做强葡萄产业。

马陆葡萄研究所成立后，主要做了两件事。第一件事是制定技术标准，控制产量，对葡萄实行“计划生育”。马陆葡萄研究所制定了常规栽培条件下的

《巨峰葡萄亩产1500公斤标准化栽培技术》(原来的亩产量是2500—3000公斤),以此为教材对农民进行培训。葡萄的亩产降下来了,但是农民的口袋却越来越满了。第二件事是探索与研究葡萄设施栽培。1997年,上海市农业科学院研究员李世诚和马陆葡萄研究所所长单传伦共同主持了“上海葡萄设施栽培综合技术研究与开发”的项目,并以此为背景,对上海的葡萄设施栽培从品种筛选、配套技术到大棚温、湿、气、光的调控等,都做了全面的研究和总结。自此,上海地区葡萄设施栽培进入先促成(促早)、后避雨的新阶段。

2004年,上海市葡萄研究所生产的葡萄开始卖到了25元1斤,成为全国之最!这都与马陆葡萄研究所的功劳及政府的大力支持分不开。今天的上海市葡萄研究所,是2000年9月在原马陆葡萄研究所的基础上挂牌成立的。上海市葡萄研究所的功能定位是以科研和基地示范相结合,针对生产实际,从事葡萄新品种、新技术的研究与推广工作,解决农民葡萄种植过程中遇到的实际困难,做好培训工作,促进上海葡萄产业的不断升级。

马陆葡萄主题公园

2005年,单传伦办起了中国第一个葡萄主题公园——马陆葡萄主题公园。多年来积攒的经验告诉他,“葡萄要做大,必须有这么一个公园,你要搞葡萄节,要有个聚集人气的地方。马陆葡萄搞了这么多年,要有个展示的地方,要展示不同的葡萄品种、不同的栽培模式,而且不能光有种植,你得有科技,有文化”。

科技加文化是马陆葡萄主题公园建设的两大核心。公园占地500亩,其中水域面积100亩,道路及部分景点面积100亩,葡萄实际种植面积300亩。在景点设计上,把葡萄的生产与观光旅游有机结合在一起。公园的道路全部建成“葡萄走廊”,利用水域面积建成独具江南风味的“水上葡萄园”。另外,还有“葡萄迎宾园”“情侣葡萄园”“葡萄科普园”“采摘葡萄园”“葡萄盆景园”“蔬菜花卉园”等,独具特色。

2006 年底，马陆葡萄主题公园通过国家旅游局的验收，成为“全国农业旅游示范点”。2007 年，马陆葡萄主题公园被评为“上海市科普教育基地”，随后连续两年被评为“科普教育先进集体”。2009 年，马陆葡萄主题公园被评为国家 3A 级旅游景区。2010 年，马陆葡萄主题公园升级为“全国科普教育基地”。同年，又被评为“世博观光农园”。

在打造“马陆葡萄”这张优质名片的同时，嘉定新城还在不断推进葡萄产业链的延伸。马陆葡萄自身也在不断开发新品种，强化品牌的认知度和美誉度。

马陆葡萄艺术村（图片来源：马陆葡萄官网）

社会保险保人人

18

名称：上海社会保险体系

对象：上海市民

上海时刻：1982 年，“双保险”试行

2004 年，“五险”完善

20 世纪 70 年代后期，大批知青返城，国有企业和集体企业承担起安置青年就业的重任。尽管就业问题解决了，但就业人员没有国有企业和集体企业的劳保福利待遇，既有现实的医疗问题，又有长远的养老问题。为了解决他们的后顾之忧，并促进合作经济的健康发展，上海市先后出台了一系列保险政策，保障就业人员的权益。

制度保险保全面

1982 年，上海市出台了试行养老、医疗两项保险的政策，俗称“双保险”，是社会性、缴费型保险制度的萌芽。1986 年，上海市开始实行国有企业退休费统筹政策。1989 年，把退休费统筹的范围扩大到本市所有的集体企业。为了兼顾外资企业员工的社会保障，上海市出台了在商业保险公司建立养老保险的办法，由外资企业为员工按月缴纳保险费，用于员工退休后的养老待遇，包括养老金和退休医疗费。

1993 年，上海市出台了具体制度，实行养老保险制度改革。当时，国有企业、集体企业以及机关事业单位的工作人员都被纳入这一制度。1997 年，国家

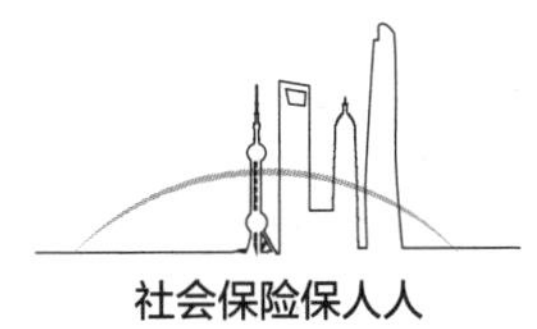

出台了《关于建立统一的企业职工基本养老保险制度的决定》，明确了养老保险制度的整体方向，即资金来源多渠道、保障方式多层次、社会统筹与个人账户相结合、权利与义务对应、管理服务社会化的养老保险制度。养老保险制度的覆盖范围包括合作社的“双保险”和外资企业的商业保险，之后又扩大到个体、私营企业、自由职业者、小时工等人群。

1986 年，上海市推出了“待业保险”。同年 9 月，上海市出台了《上海市国营企业职工待业保险实施办法》，实施之初的主要对象是合同制职工。随着企业改革的深化和产业结构的调整，待业保险的覆盖范围不断扩大，到 1992 年覆盖了各种所有制企业和机关事业单位的工作人员。1995 年 8 月，上海市人民政府发布《上海市失业保险办法》，将“待业保险”修改为“失业保险”。失业保险是我国五大保险之一。

在原有的体制下，生育补偿完全由企业包办，但随着改革的不断深入，完全由企业包下来的方法阻力重重。一些新成立的企业，没有承担生育补偿的习惯，也不太愿意履行这一义务。旧的劳动保险条例对这些新成立的不同所有制企业缺乏约束力，造成女性就业的不平等。在这种情况下，2001 年 10 月，上海市人民政府发布《上海市城镇生育保险办法》和《〈上海市城镇生育保险办法〉实施细则》。

从五大保险来讲，最晚出台的是 2004 年的工伤保险。工伤保险是一种雇主责任，谁雇佣的工人发生了工伤事故就由谁负责。有些小企业，可能因为一起工伤事故，导致整个资金链断裂，不能继续生产。工伤保险对企业的影响比较大。如果企业不稳定，职工的利益也会相应受到影响。所以，国家适时地出台了工伤保险制度。根据国务院《工伤保险条例》，上海市制定了《上海市工伤保险实施办法》，采用社会统筹的方法解决工伤问题。

全面保险保个人

上海市的每个社会保险制度都将覆盖人群考虑进去，截至 2004 年，上海市

已基本实现社会保险制度全覆盖，但社保人群全覆盖还存在问题。2005 年，在开展保持共产党先进性教育活动时，上海市劳动和社会保障局系统的党员们开展了“沉下去、看一看、听一听”的主题实践活动，主要目的是了解群众诉求，从中发现一批急需解决的社会保险问题，还有哪些市民的合理需求是现有政策和制度不能完全覆盖的。这样的实践活动不仅解决了一批急需解决的问题，也使干部职工在思想上形成一种共识：向“人人享有社会保障权益”的目标去努力，想尽一切办法把各类人都纳入社会保险制度，而不是用种种限制把人推到社会保险制度外面去。为很多不符合参保条件的人群积极创造条件，让其能够符合条件，比如针对上海实际情况制定了高龄无保障老人纳入保障体系。

通过不断细化工作，在制定“十一五”规划的时候，上海市人民政府提出了享有社会保障权益人数的比重达到 98% 的目标，并通过努力，在“十一五”末期成功实现了这一目标。

分久必合保公平

2005 年前后，上海市社会保险制度由城保、农保、镇保和综保四个不同的制度组成。这些制度利弊兼具：有利的是针对性强，制度简便，便于宣传、理解、贯彻和实施；不利的是各制度之间确实存在缴费成本和待遇的差异问题。2005 年底，国务院出台了《国务院关于完善企业职工基本养老保险制度的决定》，改革城镇职工养老金的计发办法。通过 2002—2005 三年的试点，推出了一些比较好的理念，如“多缴多得，长缴多得”。实际上，这个计发办法还是以公平为主，同时兼顾效率，比原来的办法更细致，极大地调动了职工的参保积极性。

基本保险保公平，总体效果比较好。一是保持了平稳，二是拆除了原先不同社会保险制度人员之间的藩篱，三是适度降低了社会保险的缴费率。不仅实现了扩大参保人群范围、适度降低缴费率的双重目标，而且使社会保险制度有了平稳运行的基础。

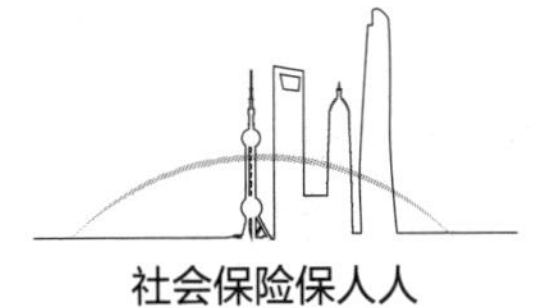

开创科技人才流动的先河
——“星期日工程师”

19

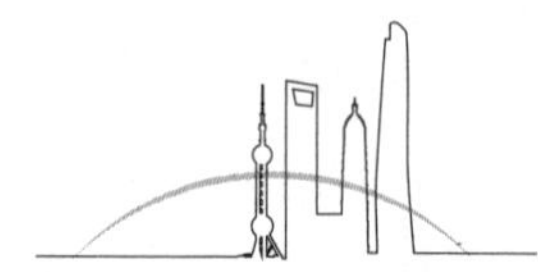

名称：“星期日工程师”

对象：长三角地区乡镇企业

上海时刻：20 世纪 70 年代末

20 世纪 70 年代末，上海实行的还是六天工作制，一周工作六天，只有星期日休息。有心人会观察到一个有趣的社会现象：周六下班后，在上海的长途汽车站、火车站或轮船码头，总会出现一些外表特征相似的知识分子。他们身穿朴素的蓝卡其布中山装，鼻梁上往往架着一副眼镜，手拎人造皮革公文包，行色匆匆，赶往苏州、无锡等地。到了周日傍晚，他们又风尘仆仆地返回上海。

“星期日工程师”

他们是家在外地的工作人员吗？事实上，这些人大多都是上海各大企业、研究院的专业技术人才。他们受同乡、亲戚邀请，利用星期日的休息时间为长三角地区乡镇企业解决生产中碰到的技术问题，这批人被称为“星期日工程师”。

改革开放初期，大批长三角地区乡镇企业蓬勃兴起，但因为装备落后、技术匮乏，乡镇企业的进一步发展急需专业技术人才的支持。而上海是专业技术人才的聚集之地，科技成果在全国领先，眼光敏锐的乡镇企业家争相聘请上海的专业技术人才担任兼职技术顾问。于是，出现了“星期日工程师”这一特殊

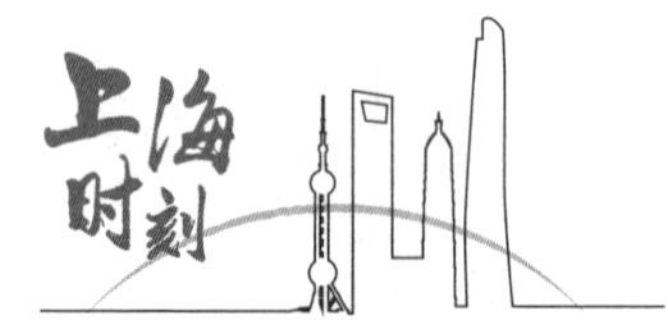

现象。他们让先进的理念和技术流动起来，由此引发了科技体制的变革。

"韩琨事件"

"星期日工程师"带来了先进的理念和技术，为乡镇企业的发展立下功劳。但由于当时体制的原因，也有一些专业技术人才因兼职而受到质疑——有人担心他们会泄露本单位的专有技术，有人认为到乡镇企业有偿兼职不合规。当时，轰动一时的"韩琨事件"就是这一矛盾的集中反映。

1979 年，上海市钱桥橡胶塑料制品厂由于缺乏技术骨干和当家产品，企业连年亏损，濒临倒闭。在企业危急之际，上海橡胶制品研究所助理工程师韩琨受聘担任钱桥橡胶塑料制品厂的技术顾问，几乎每个星期日都要赶往奉贤。经过近一年的努力，韩琨终于使该厂起死回生。上海市钱桥橡胶塑料制品厂付给韩琨 3000 多元作为报酬，没料到韩琨因此以受贿罪被检察院起诉。1982 年 12 月 23 日，《光明日报》就此事发表《救活工厂有功　接受报酬无罪》一文，掀起了科技人员业余兼职该不该拿酬金的全国性大讨论，引起了中央的高度重视。中国共产党中央政法委员会一锤定音：韩琨无罪。韩琨的各项权利得以恢复，工程师职称照样晋升。

助推乡镇企业发展

"韩琨事件"解决后，"星期日工程师"有了合法地位。广大科技人员大胆接受乡镇企业的邀请，帮助乡镇企业解决技术难题，培训技术骨干，发挥自己的聪明才智，使科技与生产相结合，有力地推动了乡镇企业的迅猛发展。如钱桥橡胶塑料制品成为奉贤经济发展的第二支柱，轻工机械一马当先。经过数年努力，钱桥乡从一个远近闻名的穷乡变成了年利润超千万元的富乡。

据统计，上海的"星期日工程师"鼎盛时期有 20000 多名。他们的自主流动解决了当时普遍存在的"有人无事做"和"有事无人做"，为因技术力量匮乏而经营困难的乡镇企业提供了发展动力。

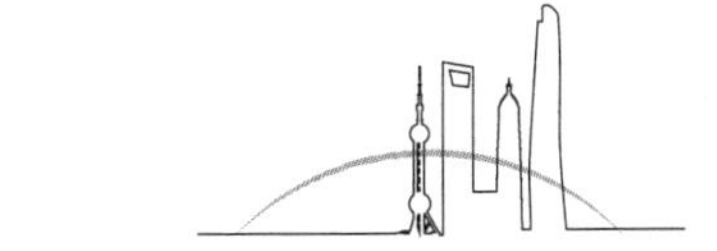

光明日報

GUANG MING RIBAO　1982年12月23日　星期四
农历壬戌年十一月初九　第12078号

大寨不再

据新华社太原十
省昔阳县大寨大队党
新华社记者说，大寨
始实行联产承包到劳
大锅饭了。他们把八
社员承包，实行大包
营的一座粉坊、三台
八百亩山林，也都承
宋立英说，现在
社员上地了，社员也

助理工程师韩琨工余受聘贡献技术帮助攻关

救活工厂有功　接受报酬无罪

上海政法部门围绕韩琨“是不是罪人”发生过一场持续一年的争论，目前尚有余波。市委指示要认真研究重新处理

本报讯　记者谢军报道，上海去年底发生了一起控告一名科技人员犯罪的特殊案件。围绕着“他

从科研岗位“下放”到车间从事体力劳动。

事情要从一九七九年说起。上海奉贤县钱桥橡

书记专程赶到市区韩琨家里聘请他担任技术顾问时，他想到这项工作既能为国家填补一项空白，又

休息日总是早出晚归，风雨无阻，大年初一也不例外。经过近一年的努力，这种新产品终于试制成功

1982 年 12 月 23 日,《光明日报》报道“韩琨事件”

（图片来源:《口述上海——改革开放亲历记》P128）

鼓励科技人员兼职

1988 年，国务院办公厅批准了《关于科技人员业余兼职若干问题的意见》。上海市科学技术协会经过大量调研，在获得上海市人民政府的同意后，成立了上海市科技咨询中心，此后又组建了“星期日工程师联谊会”，逐步采用有偿合同，规范“星期日工程师”行为。如今，该组织不仅是为工程师个人提供技术服务的中介，而且是工程师创业的平台。

随着“星期日工程师”一类技术人才流动的普遍化，上海也出现了不少技术有偿转让活动。1986 年至 1990 年，上海市人民政府先后发布有关技术转让、技术开发、技术服务、技术咨询等一系列的管理办法，上海技术市场初具雏形。

“星期日工程师”为经济社会发展贡献了巨大的活力，推动了科技成果的创新发展，对我国经济快速起飞起到了积极作用。

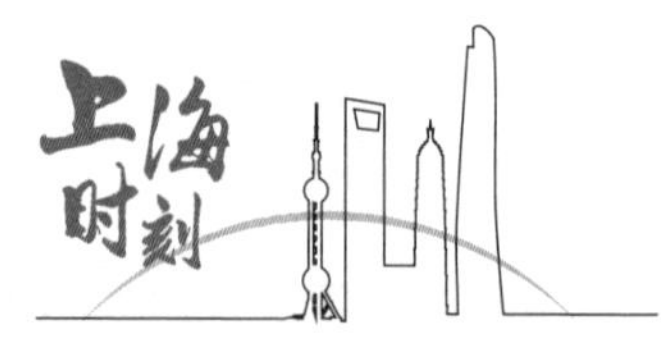

上海市公共厕所建设改造

20

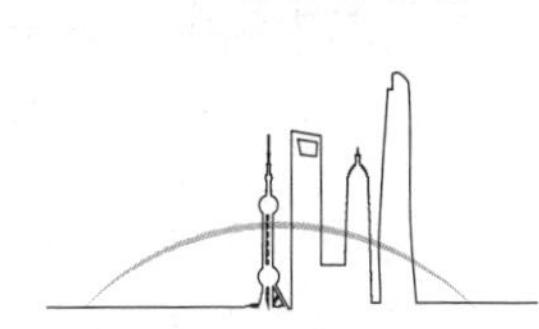

名称：上海市公共厕所建设改造

对象：广大市民

上海时刻：20 世纪 80 年代

公共厕所是衡量一个城市文明程度的重要方面之一，良好的公共厕所设施与服务是一个城市亮丽的名片。改革开放以后，随着上海经济的发展，外来人口增多，不少商业中心人流量巨大。上海公共厕所数量不足的问题日益凸显，解决“如厕难”问题成为改善民生问题的重要一环。

增加公共厕所的供应

20 世纪 80 年代，上海市开始增加公共厕所的建设。在增加公共厕所的建设过程中，最突出的难题就是选址。居民一方面需要用公共厕所，一方面又不希望将公共厕所建在自家附近。因此，建造公共厕所经常遭到附近居民的阻拦。虽然有困难，但建造公共厕所并没有停下脚步。1984 年至 1987 年，市区共新建 137 座、改建 82 座公共厕所。20 世纪 90 年代中期，上海人民市政府开始推行社会公共厕所开放的政策。黄浦区率先实行饭店、商店等一些社会经营单位向市民开放厕所。之后这一举措被推广到全市，进一步解决了公共厕所数量不足的问题。另外，上海市人民政府还在一些没有条件建设固定公共厕所的地方设置了流动厕所。到 2000 年，全市公共厕所突破 2000 座。

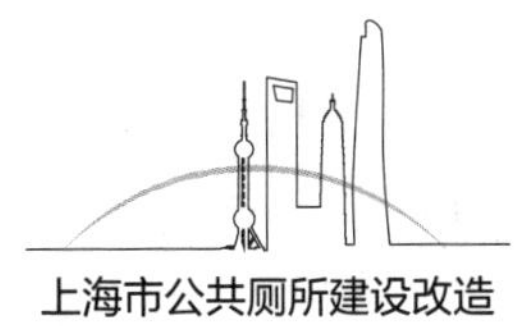

公共厕所有了设计标准

1990 年，上海市人民政府发布《城市公共厕所规划和设计标准》（以下简称《标准》），这个《标准》使公共厕所的设计和建设更加统一规范。按照《标准》，公共厕所的设计应符合“适用、卫生、经济、文明、美观”原则，男女厕所至少各设一个残疾人、老年人适用的单间，内部设坐式大便器和扶手，还规定了厕所通风、采光等方面的标准。

20 世纪 90 年代，公共厕所的服务水平也逐渐提高，公共厕所管理人员的服务是“星级公厕”评比的重要衡量指标之一。管理人员要统一着装，讲普通话。公共厕所普遍都要安装自来水龙头，供用户便后洗手；市区高级公共厕所要配有盥洗台、梳妆镜、香皂、卫生纸等。

独立式公共厕所（摄影：郑旦军）

进入 21 世纪以后，公共厕所设施建设开始向环保、协调、人性化方向发展。如世博公园的 A7 厕所，在男女厕所都配备了“人脸识别厕纸机”，能够快速便捷地提供用纸；沪太路上的智慧公共厕所，在厕所房顶上设有雨水收集箱，收集雨水来浇灌附近的草坪。不少公共厕所增加了亲子厕所、母婴室等，为各类群体提供了更舒适的如厕环境。

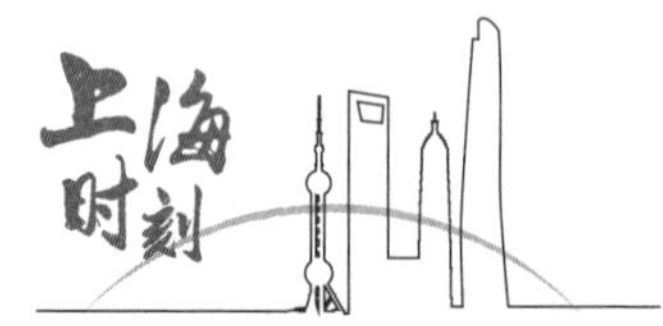

公共厕所实现免费开放

公共厕所的投入很大，维护成本也很高，加上政府财政经费有限，因此公共厕所大多都是有偿使用的。2002 年，公共厕所尝试承包制，由公共厕所的上级管理部门与内部员工签订承包合同。2005 年，公共厕所承包制随着市民公共厕所免费化、公益化的呼声逐渐退出历史舞台。从 2010 年 1 月 1 日起，上海所有公共厕所全部实现免费开放。

2013 年，全市环卫公共厕所已有 2700 余座，服务半径为 300 米。上海市人民政府还推出了“上海公厕指南”App，为市民提供全市公共厕所的信息。市民可以根据 GPS 指引路线，前往最近的公共厕所。现在的上海，如厕不再难。上海公共厕所基本满足了广大市民的需求，并将进一步完善，成为城市最亮丽的名片。

移动式公共厕所（摄影：郑旦军）

“沪嘉高速”开创公路建设新时代 21

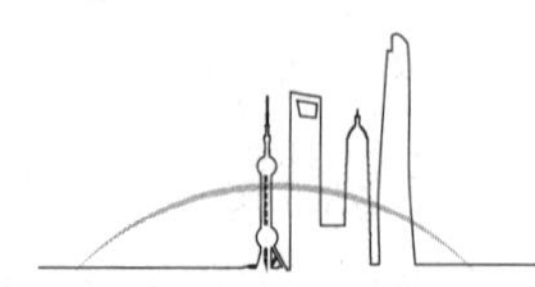

名称：沪嘉高速公路

地点：上海市区至嘉定

上海时刻：1988 年 10 月 31 日

1984 年底，沪嘉高速公路在嘉定入城段破土动工。1988 年 10 月 31 日，沪嘉高速公路建成通车。中国大陆拥有了第一条高速公路——沪嘉高速公路。沪嘉高速公路全长 20.5 千米，可是建设背后，从提出设想到历时四年的攻坚克难，建设者从未放弃也从未降低标准。中国的第一条高速公路就是高起点的创造。

大跨步建第一条高速公路

20 世纪 60 年代以来，上海市区通往嘉定的公路只有沪宜公路。沪宜公路路面窄，线型差，沿途有 188 处与工厂进出道、乡村道及其他公路平交，各种车辆混合行驶，交通堵塞严重，事故频繁发生。20 多千米的路程往往需要耗费两个多小时才能到达。为了缓解上海市区到嘉定的行路难，建设沪嘉高速公路的建议被提上日程。

根据上海市政府领导的指示，有关部门对该公路提出了两种建设方案：一种是将原先连接市区和嘉定的 204 国道拓宽，改建成四快二慢的一级公路，车速每小时 100 千米；另一种是重新选址，建设一条全新的汽车专用道路，车速每小时 120 千米。

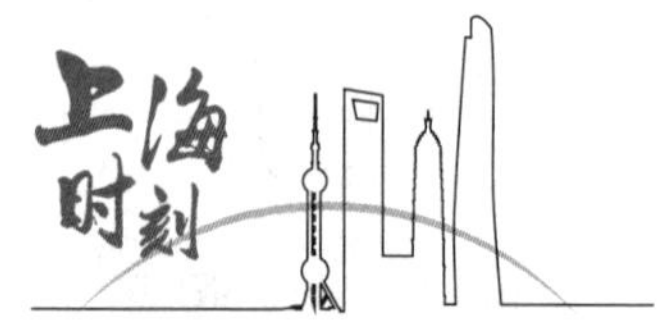

对于后一种方案，赞成者认为根据今后社会和经济的发展趋势，如果仅仅采用将原有公路拓宽改造成一级公路的方案，势必不久后又会遭遇交通压力，应该以更长远的眼光来实施规划建设。而反对者也不在少数，主要认为建设高速公路成本太高，当前没有必要。

当时，在全国范围内还有个“公铁之争”，究竟是优先发展铁路还是发展公路。而从当时西方发达国家的道路建设来看，高速公路显然已经是陆上运输的重要通道。经过多方的反复论证、研究后，最终决定建设沪嘉高速公路，中国第一条高速公路终于迈出了第一步。

高起点成就不可思议

据亲历者回忆，这是一条熬出来的路。因为当时中国既没有修建高速公路的经验，也没有相关的高速公路建设标准，所以边建设、边摸索是沪嘉高速公路建设的真实写照。尽管有种种客观条件的限制，其规划、设计、建造的过程也带有一定的试验性。但所有的设计和建设标准丝毫没有因此而降低，基本按照当时国际高速公路标准设计建造。

当时最让人头疼的问题是如何控制地面沉降，主要因为上海是典型软土土质，施工犹如在“一板豆腐”上进行。另外，沪嘉高速公路沿线穿越了好几段软土淤泥地段。由于上海市地表土天然含水量较高，超过土基压实的最佳含水量，也不易风干。软基处理是筑路的关键难点，建设者按不同填土高度与地质条件，分别采用了自然沉降法、粉煤灰与土壤间隔填土法、袋装砂井预压排水固结法，减少了工程建成后大量软基的沉降。

更值得一提的是，在沪嘉高速公路建设过程中，首次将电厂废物——粉煤灰变废为宝，代替泥土建筑路基，不仅提高了路基质量，还节约了数百亩土地。这项技术创新，在1996年获得了上海市科技进步一等奖。

为了“中国大陆第一高速”这样一个时代宠儿，无数的工程师、技术员、工人们付出了无尽的心血。历时四年零三个月，终于迎来了万众期待的那一天。

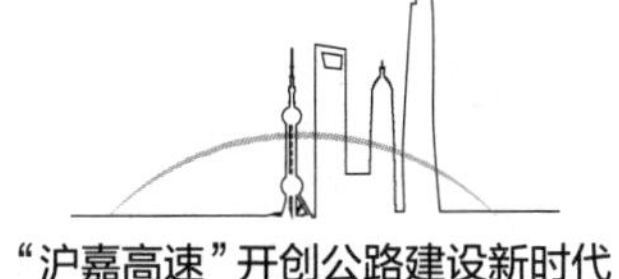

1988 年 10 月 31 日，沪嘉高速公路正式通车。以往两个多小时的车程缩短到半小时，不仅缩短了时空距离，而且降低了综合运输成本。为了加强沪嘉高速公路的管理，原上海市公路管理处成立了沪嘉高速公路管理所，并建成了中国大陆第一个高速公路监控室，实现了路况观测、流量采集功能，能为预警信息发布、突发事件处置提供依据。

沪嘉高速公路为上海高速公路建设掀开了新的一页，多条高速公路相继投入建设。30 年来，上海高速公路里程由 0 增长至 829.213 千米。根据最新规划，到 2020 年，上海高速公路里程将突破 900 千米。上海与江苏、浙江两省的高速公路连接通道也将增加至 67 条，共同构筑起长三角都市圈一体化的高速公路体系。一小时都市圈的范围将逐步扩大，整个长三角地区都将切实感受到“同城效应”。

沪嘉高速公路（图片来源:《口述上海——实事工程》P96）

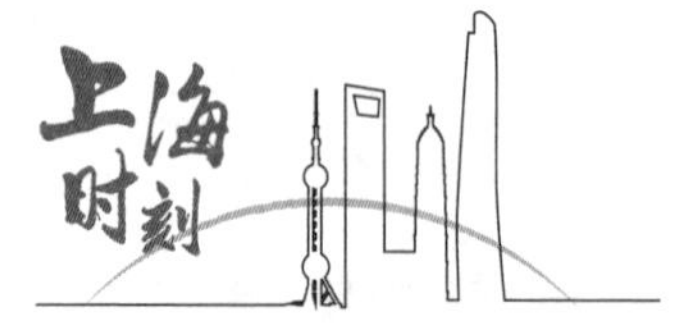

上海龙华庙会

22

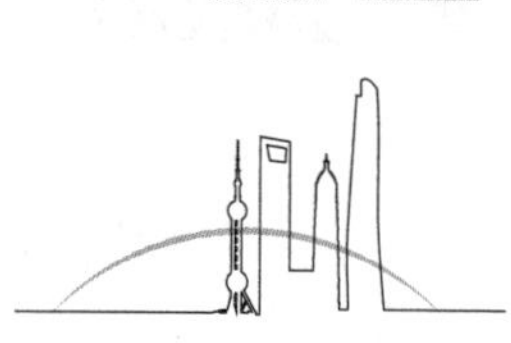

名称：龙华庙会

地点：龙华寺

上海时刻：1985 年

“三月三，上龙华”，相传农历三月初三是弥勒菩萨的涅槃日，龙华寺是弥勒道场，因此每年都要举行隆重的纪念法会。农历三月前后，到龙华寺敬香礼佛的信徒云集，许多商贩也到此设摊交易。因此，龙华庙会成为集信仰、商贸、娱乐等于一体的民间盛会，热闹非凡，对上海乃至长三角地区都产生过重要的影响。

龙华庙会的悠久历史

龙华庙会现所在区域为上海市徐汇区龙华街道。据史料记载，龙华庙会在唐朝已经初步成型，明朝中后期，龙华已建成十分繁荣的市镇，有十分优越的地理环境。一条龙华港穿镇而过，东接黄浦江，西连漕河泾、蒲汇塘，是龙华古镇的水上交通要道。交通便捷，经济交流频繁。因此，龙华庙会成为远近闻名的综合性庙会。

清朝后期，龙华地区的农户盛行种植桃树，桃花一般在农历三月十五前后开得最盛，龙华庙会又与赏桃花的习俗结合起来，因此庙会的日期就渐渐延后至农历三月十五，规模和影响进一步扩大，成为华东地区规模最宏大的民间盛会。

中华人民共和国成立后，上海市人民政府参与了龙华庙会的组织工作，并

将其改名为龙华物资交流会。“文革”期间，龙华物资交流会全面中断，到 1980 年才得以恢复。1985 年，龙华物资交流会恢复为龙华庙会。自此，龙华庙会进入新的发展阶段。

丰富热闹的民俗活动

庙会期间，龙华寺会举行盛大的佛事活动，很多信徒到此进香，民间有“烧烧龙华香，投个好爷娘”的说法。赶会的人就像决堤的春潮一样涌来，场景热闹非凡。

以前龙华地区河流纵横交错，那时人们赶庙会往往是一家老小坐船去的。农村的人会利用赶庙会买一些生活用品、农具等，而城市里的人则注重饮食、玩乐等。按照习俗，会有“行街”这样的传统民俗活动，也叫“出会”，就是将神像从庙里请出来，在寺庙附近游走一圈，前面开锣喝道，后面跟着舞龙舞狮、荡湖船、踩高跷等，是庙会中最隆重、最热闹的活动。

近几年，龙华庙会推出“龙华吉祥出会”，龙华街道组织了龙华龙狮队、蚌壳舞、江南丝竹等当地传统文艺项目，还融入其他地方的民俗项目，如奉贤滚灯、江西婺源茶道等，还有现代文娱表演，如上海跳伞队的表演、安徽驯兽队的表演等。

龙华庙会融合了当地的饮食风格，形成了龙华羊肉、龙华五香豆、龙华豆腐干、龙华素斋、荸荠片等特色食品。龙华豆腐干分白色、酱色、卤汁和麻辣四种口味，豆腐干一寸见方，用小竹签穿成串或者用线扎起来出售。

随着商品的丰富和市场的发展，庙会的商贸功能逐渐衰退，庙会的商品逐渐以旅游纪念品和其他小商品为主，更具有旅游性质。现在的龙华庙会融合传统海派精髓和现代时尚元素，重新向世界游客展现自身的悠久文化底蕴和兼容并蓄的气质。

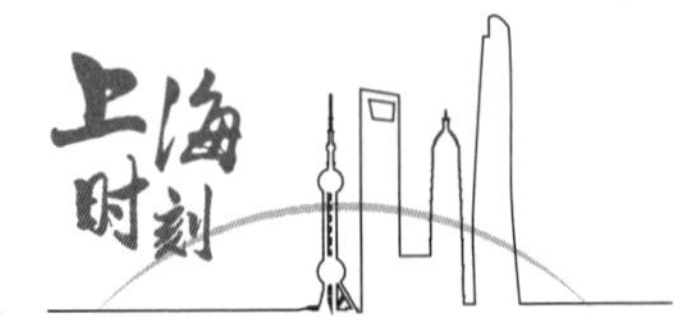

“菜篮子”揭开实事工程的序幕 23

名称：“菜篮子工程”

政策：《关于建设郊区副食品生产基地，改革产销管理体制的决定》

上海时刻：1988 年 8 月

20 世纪 80 年代，上海吃得饱的问题基本解决，但是吃不上的问题日渐紧迫。那时候，普通家庭一半的开支都是花在吃上，但是肉、禽、奶、菜、水产品等副食品供应非常紧张。一遇寒潮或台风，菜场便出现以砖头、凳子排队占位抢菜的现象。

随着上海经济的迅猛发展，日益增长的民生需求越发紧迫。1988 年 8 月，上海市委、市政府召开区县局干部大会，宣布《关于建设郊区副食品生产基地，改革产销管理体制的决定》。由此，上海“菜篮子工程”正式拉开序幕。

首先保证蔬菜的稳定供应

副食品供应中排在第一位的就是蔬菜。当时肉不是每个人每天都能吃的，但是蔬菜是每个人每天都要吃的。所以，副食品生产流通首先是把蔬菜作为重点开始抓的。

上海市人民政府提出建立良种体系、栽培体系、农业机械化体系、排灌设施体系、加工和储运体系。一边实践一边探索，保证蔬菜的稳定供应。

在产销体制上也采取了一些创新的尝试，逐步从政府管控过渡到市场化。比如在种植品种管控方面，迈小步，不停步，直至 1991 年 11 月全部放开。之

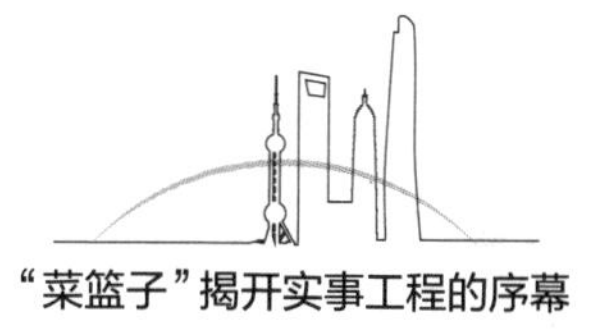

后，市领导又进一步提出要打破蔬菜公司统购包销的局面。于是成立绿叶公司与之竞争，绿叶公司在市郊农民家门口一举建设了 23 个蔬菜批发市场，加上经纪人队伍蓬勃兴起，农民种菜销路和效益就此不愁。

经过上下一心的全力投入，20 世纪 90 年代初，上海基本实现了蔬菜的稳定供应。当时管棚面积达到 1.2 万亩，地膜覆盖面积达到 8 万亩，储存运输等机制都联通起来了。

"冬淡""夏淡"不再是噩梦

20 世纪 90 年代，一到夏季，上海市民就很紧张，蔬菜没得吃怎么办？一来台风，菜价更是水涨船高，吃不起。到了冬季，天冷了，更是闹菜荒。为了解决淡季蔬菜的供应问题，早期的办法是靠豆制品，缺菜的时候豆制品就加一倍。当时除了建立豆制品加工厂，还建立了一批制作豆芽的作坊。

随着技术的进步，"菜篮子工程"又增添了新内涵：建立大市场、发展大流通、建设大基地、开展大合作、应用大数据。正是在此指导原则之下，淡季缺菜的问题才得到大幅度改善。正所谓"上海菜，全国来"，上海七成以上的蔬菜供应来自全国各地。在原有主副食品供应基地的基础上，启动上海蔬菜外延基地建设，让遍布全国各地的"菜园子"与上海千家万户的"菜篮子"无缝对接。到 2016 年，上海已经在全国建立农产品供应基地近 1100 个。"冬淡"期间，来自海南、云南、福建的黄瓜、西红柿北上"驰援"；"夏淡"期间，内蒙古美芹、兰州高山娃娃菜又纷纷南下，让市民"跟着纬度吃菜不是梦"。

"小青菜里见大民生！"过去的 30 年，这句话不仅屡屡见于报纸，更是在市民中流传。这句话既体现了上海市委、市政府的担当，又赢得了上海市民的口碑。不可否认，不管是盛夏还是寒冬，也不管是紧缺时代还是追求品质生活时代，上海蔬菜特别是绿叶菜一直保持安全、平稳供应。

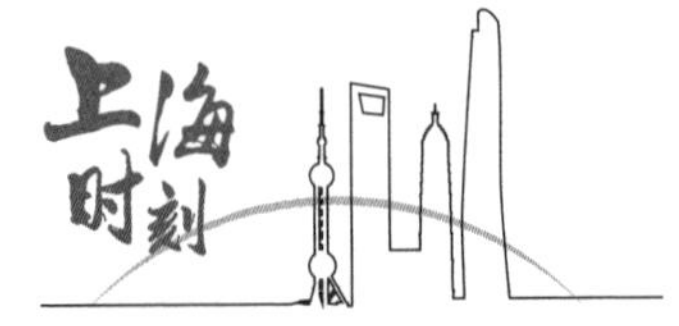

上海地铁 1 号线

24

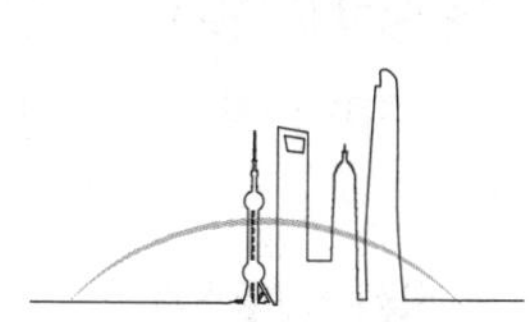

名称：地铁 1 号线

起始：上海火车站站至锦江乐园站

上海时刻：1995 年 4 月 10 日

上海地铁 1 号线是上海的第一条地铁，与 2 号线、4 号线组成一个“申”字，形成上海地铁的主构架。地铁 1 号线是上海轨道交通最为繁忙、最重要的大动脉。截至 2019 年 1 月，该线途经宝山区、静安区、黄浦区、徐汇区、闵行区 5 个区，全长 36.89 千米，共设 28 个车站，其中换乘车站 9 座。

解决土层难题

早在 1958 年，上海就提出要建地铁。可是，上海的地质条件很复杂，松软含水的地层犹如豆腐渣，苏联专家当时就说：“在上海这样的地质条件下建造地铁，难度无异于在宇宙中找到一个撬动地球的支点。”这项被苏联专家团仔细勘察并否定的工程，激起了一大批地铁建设者的昂扬斗志。有一个名字是一定要被载入发展史册的，那就是中国工程院院士刘建航。

克服软土层的一个难题是要选到建造隧道合适的材料。全部用钢铁虽然很好但是造价太高，而造价较低的钢筋混凝土盾构法隧道管片在松软含水的地层中建隧道，当时尚未有成功的先例。凭借在交通大学土木工程系学习打下的坚实理论基础，又有几分“初生牛犊不怕虎”的精神，刘建航和同事们通过对各国资料的仔细分析，并结合自己的实践，用了七八年时间，终于攻克了精

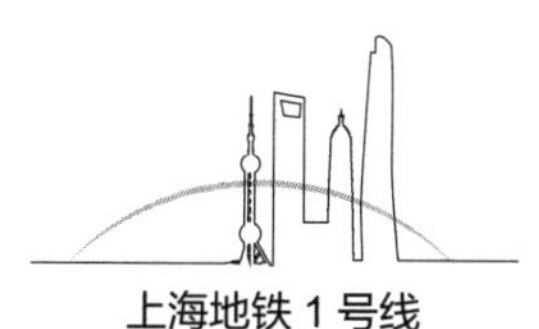

度、强度、防渗性能均符合使用要求的钢筋混凝土盾构法隧道管片的设计及施工技术难题，建成一条 10 米长的地下隧道，使上海这样松软含水的地层建设地铁成为可能。刘建航被尊称为“上海地铁之父”“中国隧道之父”时，他总是谦虚地说，“其实我只是一名隧道老兵”。

刘建航在地铁工地上（图片来源:《百老风采》P118）

上海地铁的第一个生日

1989 年 5 月，中德双方正式签署了 4.6 亿马克的地铁专项贷款协议书，上海地下铁道工程新龙华站（今上海南站站）至上海新客站（今上海火车站站）开工兴建。经过地铁工程建设者不懈的努力，1993 年 5 月 28 日，地铁 1 号线南段（锦江乐园站—徐家汇站）上行线开始观光试运营，单程 12 分钟。控制列车间隔采用的是最原始的“电话闭塞法”，票务员手工进行卖票、撕票。地铁 1 号线通车时，大批市民前来乘坐。上海成为继北京、天津之后的中国大陆第三

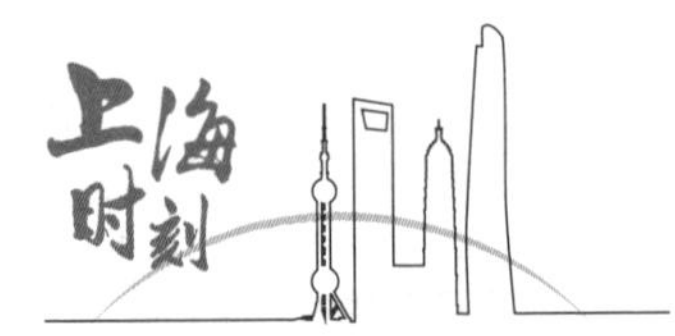

个拥有地铁的城市。5 月 28 日这一天，也被习惯称为“上海地铁的生日”。

1995 年 4 月 10 日，地铁 1 号线全线（上海火车站站—锦江乐园站）建成通车。1995 年 7 月，全线正式投入运营，线路总长 16.1 千米。后来南延伸段、北延伸段又相继建成并通车。

地铁的带状影响力

莘庄位于上海市中心城区的西南部，是闵行区人民政府的所在地。曾经是动迁户都不愿意去的偏远郊区，然而在地铁 1 号线的带动下，现在的莘庄是上海西南角的一个商业和居住中心。

地铁 1 号线的建成与成功通车，改变了整个上海的交通状况，地铁 2 号线、3 号线等都相继开始建设。地铁 1 号线、2 号线换乘点人民广场的日换乘客流量 40 万人次，最高超过 60 万人次。在如此巨大的人流枢纽处配套了全国最大的地下商业中心——人民广场地下商城。地下商城面积 3 万平方米，包括百货商场、服饰名品、餐饮娱乐等，并与地铁相通，已成为人民广场除旅游、购物、观光、休闲外的又一景点。

地铁 1 号线获国家建设部“市政工程金杯奖”，并获“上海市十大景观”荣誉称号。其中，6 座车站获上海市“白玉兰奖”，人民广场站获“上海市优质样板工程奖”，人民广场至新闸路区间隧道获“上海市市政金奖”。

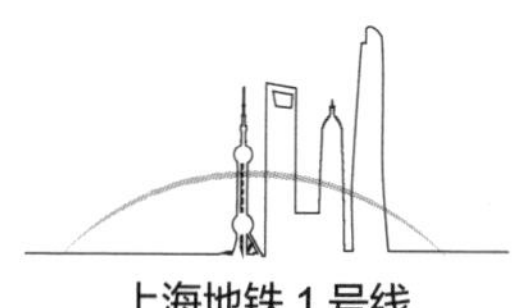

上海首个国家级经济技术开发区
——闵行开发区

25

名称：上海闵行经济技术开发区

地点：上海西南，黄浦江上游

上海时刻：1986 年 8 月

上海闵行经济技术开发区（以下简称“闵行开发区”）创建于 1983 年，经国务院批准，闵行开发区于 1986 年 8 月成为国家级经济技术开发区，是上海首个国家级经济技术开发区。

筑巢引凤，吸引外资

1983 年的上海可谓百废待兴，城市基础设施陈旧，难以满足外商投资项目建设的要求。经过规划部门及专家的反复论证，上海市人民政府决定筑巢引凤，建立以吸引外商工业性项目为主要目标的闵行开发区（当时叫出口产品工业区）。闵行开发区规划建设的地域属于马桥乡，20 世纪 80 年代初，这里是一片农田，毫无建设基础。按照当时的标准，每平方千米基础设施建设需要投入 1 个亿，资金缺口很大。为了解决资金短缺问题，上海市人民政府动足了脑筋，采用合资开发、滚动开发的方式，集中力量开发一块，建成一块，投产一块，而不是全面开发。1984 年，闵行开发区完成了“七通一平”，并成功引进了第一家合资企业，即沪港合资企业——上海环球玩具有限公司。

在上海市人民政府的支持下，闵行开发区大力加强投资软环境建设。1987年，闵行开发区率先建立了闵行经济技术开发区管理中心，由海关、商检、工商、银行、保险等26家单位实行“一站式”服务，免去了外商去市内来回奔波之苦，提高了审批速度与办事效率，获得了一致赞誉。1987年开始，一批跨国公司的大项目纷纷在此落户，如美国强生和施贵宝、日本三菱电梯等。闵行开发区成为跨国公司进入时间最早、进入数量最多的开发区。在全国所有工业开发区中，闵行开发区单位土地面积的企业利润、上缴税收、工业增加值持续名列前茅。

转型升级，自主创新

走进新时代，闵行开发区实现了从传统制造业园区向智能制造业园区、创新型制造业园区的转型。目前，闵行开发区已有亨斯迈、艾仕得、强生、圣戈班、米其林5家世界级研发中心；聚集了恒瑞医药技术创新中心、亚洲技术创新中心、富士施乐技术创新中心等18家技术创新中心。这些落户的外资研发中心、技术创新中心将成为闵行开发区创新发展的重要支持，加快闵行开发区的转型升级。2014年，为提升自主创新能力和可持续发展能力，闵行开发区与虹桥开发区整合重组，成立了闵虹集团，携手上海交通大学、闵行区人民政府，联合打造集创业服务、研发创新、国际服务于一体的“零号湾”全球创新创业集聚区，培育了一批优秀的创业企业。“零号湾”孵化出的“太昌基因”高科技项目已落户闵行开发区。

闵行开发区的发展历程是上海改革开放的一个缩影。它真正发挥了改革开放“窗口”的示范效应，是改革开放、市场经济发展、城市化以及工业化进程中的实验者、实践者和推动者。

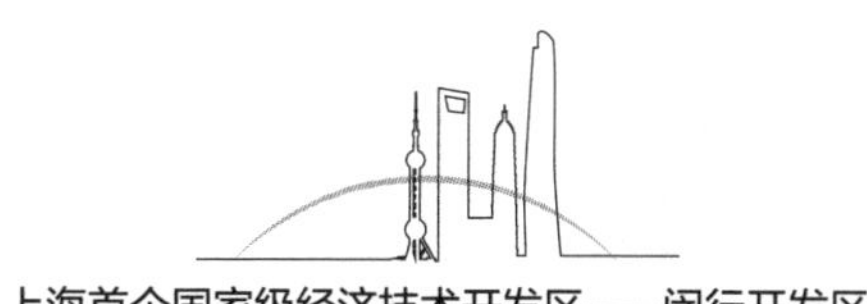

改革开放新时期的第一股
——“小飞乐”股票

26

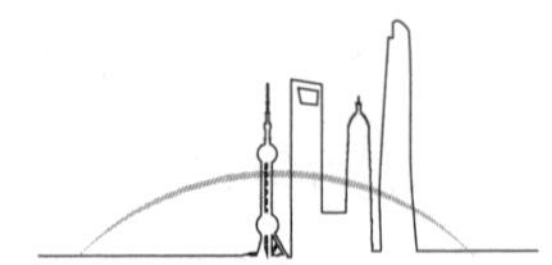

名称：“小飞乐”股票

地点：上海飞乐音响股份有限公司

上海时刻：1984 年 11 月 18 日

20 世纪 80 年代，我国改革开放方兴未艾，众多企业成为具有相对独立经营权的经济团体，希望在商品经济的浪潮中谋求发展，但资金短缺却成为其发展的一大制约因素。为了尽快获得资金，上海一些企业采取多种多样的筹资方式，开始由单一的银行信贷体制变为向社会或个人进行融资。

探路“股份制”

上海飞乐电声总厂就面临这个难题：他们想扩大生产，但缺少资金，怎么办？厂长秦其斌在参加工商联会议时，听一些商界前辈聊起旧上海很多民族企业都用股票来集资，他由此受到启发：能不能通过发行股票向其他单位和内部员工集资？这一大胆设想获得了上海市委、市政府的大力支持，负责该业务的中国工商银行上海分行信托公司进行了热情指导。经过评估，给上海飞乐电声总厂提供 50 万元的“集资份额”，也就是发行的股票份额。

1984 年 11 月 18 日，经中国人民银行上海分行批准，由上海飞乐电声总厂、飞乐电声总厂三分厂、上海电子元件工业公司、中国工商银行上海分行信

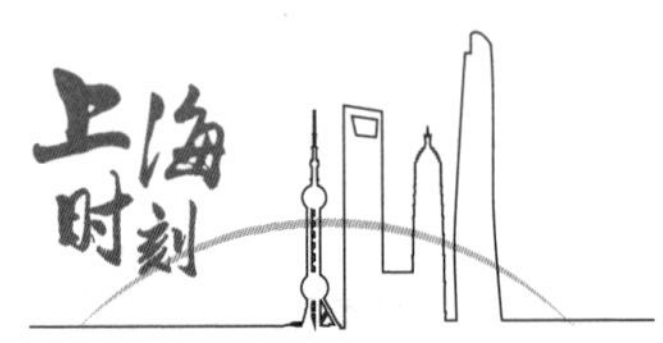

托公司静安分部发起，成立上海飞乐音响股份有限公司。公司决定向市民及员工发行股票，总股本 1 万股，每股面值 50 元，共筹集 50 万元股金，其中 35% 由法人认购，65% 向市民公开发行。

公众的热情支持

《新民晚报》就此发了一篇相关的仅百余字的“豆腐块”通讯文章，没想到这篇百余字的“豆腐块”简讯在上海滩引起了轰动。曾经的远东第一金融中心的市民们很有投资意识，不断有人打电话到报社询问股票发行事宜。因为中国工商银行上海分行信托公司静安分部的地方小，所以股票发行被安排在上海飞乐音响股份有限公司。中国工商银行上海市分行信托公司静安分部的工作人员背着钱箱、股票箱，当场收钱并开票。发行股票当天，上海飞乐音响股份有限公司附近的几条马路被围了个水泄不通，购买的人群早早排起了长队，原定的 50 万元发行额度很快销售一空。这次发行的股票没有期限限制，不能退股，可以流通转让。可以说，这是我国改革开放新时期的第一股，人们亲切地称其为“小飞乐”。

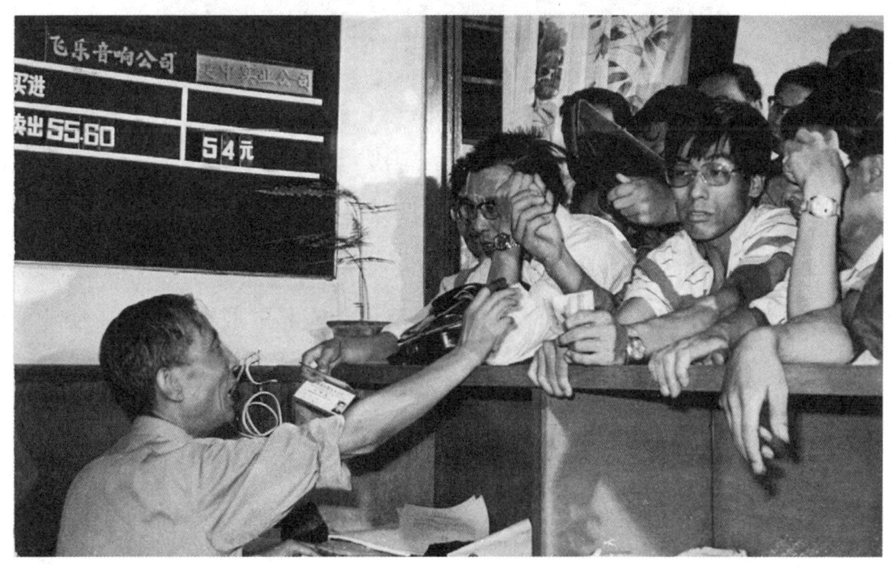

人头攒动的柜台交易（图片来源：《口述上海——改革开放亲历记》P176）

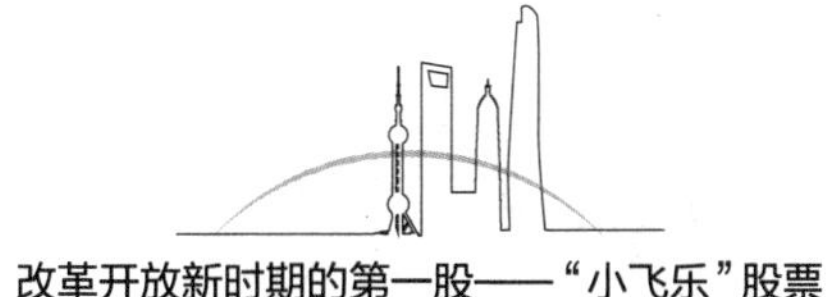

邓小平送出“小飞乐”股票

1986 年 11 月 14 日，邓小平在北京人民大会堂会见美国纽约证券交易所董事长约翰·范尔林率领的美国证券代表团。范尔林给邓小平带来了两件礼物——美国证券交易所的证券样本和一枚可以自由通行纽约证券交易所的徽章。邓小平高兴地收下了他的礼品，并将一张面额为 50 元的上海飞乐音响公司股票回赠给范尔林。对于范尔林来说，这件礼物具有重大意义，他立即改变行程直奔上海，在中国工商银行上海分行静安证券业务部办理了过户手续，成为中国第一名外籍持股者。

上海飞乐音响公司股票

I10009934

公司名称 上海飞乐音响公司
创设年份 公元一九八四年十一月
股份总额 壹万股
每股金额 人民币伍拾圆整
股东户名
股数 壹股
董事长
副董事长
伍拾圆
一九八四年十二月经中国人民银行上海市分行批准发行

“小飞乐”股票

以点带面促发展

“小飞乐”股票发行后的几十年间，中国股市从无到有、从小到大，发生了翻天覆地的变化。“小飞乐”股份制试点初获成功，上海市委、市政府决定扩大试点，让更多的公司实行股份制改造，发行股票并挂牌交易。1990 年 12 月，上海证券交易所开市集中交易。第一批上市集中交易的股票是“延中实业、真空电子、飞乐音响、爱使电子、申华电工、飞乐股份、豫园商城、浙江凤凰”，史称沪市“老八股”。

“合抱之木，生于毫末。”随着改革开放的纵深发展，上海朝着国际金融中心、国际贸易中心、国际航运中心的目标飞速前进。“小飞乐”股票正是见证中国金融市场腾飞的标志之一。

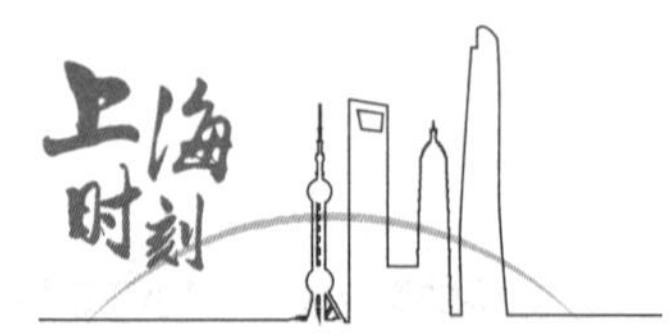

国内投融资平台建设的先行者 27
——上海久事公司

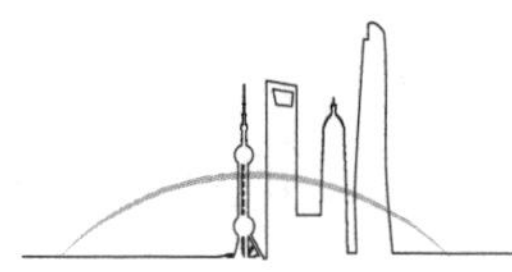

名称：上海久事公司

项目名称："九四专项"

上海时刻：1987 年 12 月 30 日

20 世纪 80 年代初，我国改革开放刚刚起步，传统的计划经济体制被逐渐打破，上海作为我国老工业基地和计划经济最为典型的地方，受到财政统收统支和工业效益滑坡的双重压力，资金不足、原材料缺乏、交通拥挤、住房紧张、环境污染等矛盾日益凸显。尤其是城市基础设施严重老化，制约了上海的城市发展和市民生活水平的改善。

"九四专项"

作为全国人口最多的城市，上海的城市基础设施改造需要大量资金，而当时财政吃紧，靠自有资金和国家拨款难以进行改造。面对资金短缺的难题，上海市人民政府解放思想，大胆创新，提出了新的发展思路：利用外资，通过把城市基础设施建设项目、工业技术改造项目和发展第三产业项目"捆"在一起的方式，综合开发经营，以项目投资来平衡基础设施建设费用。上海市人民政府把这个方案上报国务院。1986 年 8 月 5 日，国务院以"国函（1986）94 号"文批准《关于上海市扩大利用外资规模的请示》，同意上海采取自借自还的方式扩大利

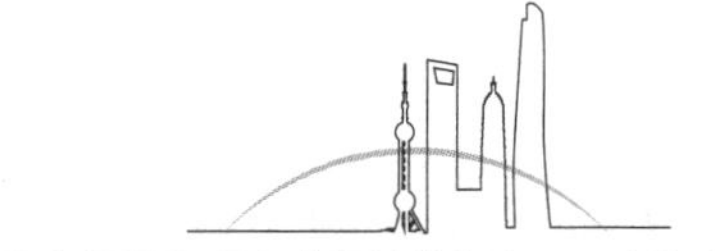

用外资，以加强城市基础设施建设，加快工业技术改造，增强出口创汇能力，发展第三产业。根据国务院94号文件，上海市人民政府确定了第一批32亿美元的利用外资项目，统称为“九四专项”。

成立上海久事公司

1987年12月30日，上海久事公司正式成立，作为“九四专项”总账房，专门承担“九四专项”任务。“久事公司”这个名称源于国务院第94号文件的谐音“久事”，另外还寓意着“永久的事业”这一美好愿景。1990年，实事公司并入后，久事公司又新增了代上海市人民政府管理资金的职能，有利于增强公司的筹资能力。

久事公司成立后，不负众望地做了许多让市民拍手叫好的“大事”——投资了南浦大桥、地铁1号线、合流污水一期工程、虹桥机场候机楼改造和20万门程控电话五大市政基础设施项目，为上海解决了重要的民生问题。筹措13亿美元投资了268个工业技术改造项目，其中较为重要的包括飞利浦半导体、上海冰箱压缩机、金阳腈纶等，对当时上海工业发展起到了重要作用；筹措5亿美元投资了35个旅游项目，如华亭宾馆、虹桥宾馆、银河宾馆、龙柏饭店、建国宾馆、新锦江大酒店等，有效地改善了上海的旅游投资环境。

顺应趋势，改善环境

“九四专项”顺应了中国改革开放的大趋势，为优化上海市政建设、重塑上海经济地位奠定了基础，也为上海市改革投资体制、创新投融资模式提供了契机。上海久事公司作为上海改革开放和创新投融资模式的产物，成立之初就蕴含改革创新的基因，在项目立项审批、资金增值、平衡机制等多方面开展了一系列的机制创新，为上海经济社会发展和城市有序运行作出了重大贡献。“九四专项”作用日渐发挥，为上海城市基础设施建设解决了资金短缺的难题，久事公司也成为国内投融资平台公司的先行者。

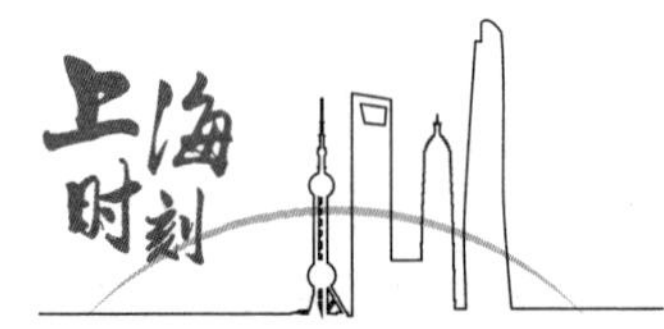

首次以国际招标方式进行土地批租 28

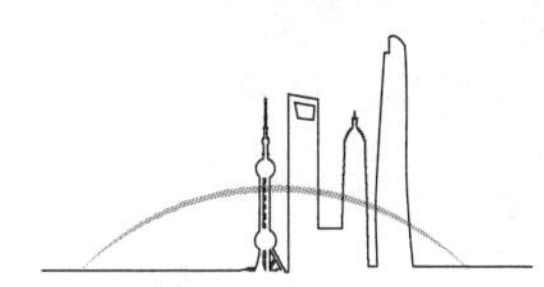

名称：土地批租制度

地点：虹桥经济技术开发区第 26 号地块

上海时刻：1988 年 8 月 8 日

1988 年 8 月 8 日，位于上海西部的虹桥经济技术开发区第 26 号地块完成了土地使用权有偿出让合同签约，日籍华人孙忠利以 2805 万美元获得虹桥经济技术开发区第 26 号 A、B 两块地块共计 1.29 万平方米土地 50 年的使用权。

这是上海首次试点土地批租制度，不仅是虹桥经济技术开发区繁荣的起点，更是历史上第一次通过国际招标成功转让土地使用权，标志着土地真正成为重要的生产要素在市场上流通，开启了我国土地使用制度深刻变革的序幕。

土地批租的动因

土地批租即国家将土地使用权有偿出让的一种形式。这只是一个约定俗成的说法，比较规范的说法应该是土地使用制度改革、土地使用权有偿转让。

20 世纪 80 年代初，上海就有不少学者对此进行了研究和探讨。一个大背景是南方四个经济特区最早对外开放后，对上海这个老工业基地冲击很大。上海一直是全国轻工业产品的集中地，“上海货”曾经行销全国。以前上海产品在全国不愁销售，原材料也没问题。但在南方产品的冲击下，上海产品逐步开始走下坡路。

另外，上海的城市基础设施欠账也很严重。有一种说法是旧城有 80 万个

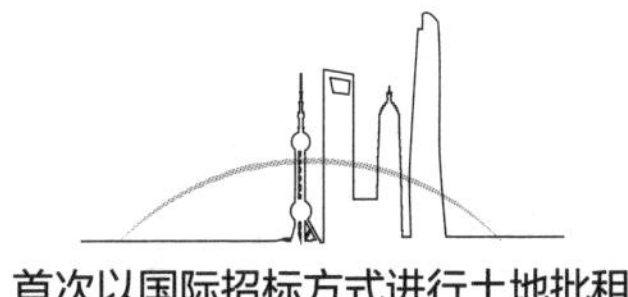

煤球炉、80 万个马桶，还有几千万平方米的危旧房屋，这种情况下上海怎么办？那时国务院也很关心，市民期望改善居住环境的呼声也很强烈。在此基础上，上海市人民政府制定了三张蓝图，蓝图绘得很好，可关键的问题是没有钱。从这个意义上说，上海的土地批租也是被内外两重因素逼出来的。

土地所有权和使用权的分离

在当时，国有建设用地为无偿划拨使用，而且无期限，无流通，土地价值无法体现。土地批租可以解决“三无”问题，使土地的内在价值外显化，但当时土地批租不仅无先例可循，而且缺乏法律依据。所以，要想在土地批租上有实质性推进，必须破解法律上的难题。

1986 年，上海市人民政府组织房地产考察团，于当年 8 月 26 日至 9 月 9 日赴香港考察，主要聚焦土地批租和房地产经营等专题。考察团发现，香港土地批租的做法是把土地的所有权和使用权分开，转让的是使用权，而且是有期限、有偿转让。考察团一回到上海，立即着手起草土地管理制度改革的相关办法。经过一年多的酝酿、听取意见并修改，直到 1987 年 11 月，由上海市人民政府主要领导签审同意。1987 年 11 月 29 日，上海市人民政府正式出台了《上海市土地使用权有偿转让办法》(以下简称《办法》)。严格来讲，《办法》并非国家法律，而是地方行政法规。实际上，这也为原国家土地局制定相关法规提供了有力参考，为实现国有土地所有权和使用权的分离迈出了一大步。

在制定《办法》的同时，上海市人民政府也精心挑选试点地块。当时的虹桥经济技术开发区第 26 号地块地面拆迁已全部完成，基础设施达到了“七通一平”的要求，所以最终被选为试点地块。

招标工作在上海和香港同时进行，上海市人民政府一共印制了 2000 份标书，共有 6 家公司参与投标，分别来自美国、日本等。最终，日本孙氏企业集团以总价 2805 万美元的价格，获得这块土地 50 年的使用权。当时，外面的媒体都说孙忠利是“孙疯子”。可事实证明，他的眼光很正确。

上海土地使用制度改革试点，冲破了长期实行的土地行政划拨和无偿、无期限使用的单轨制模式，激活了土地作为重要生产要素的内在经济价值。上海也成为规范化土地批租实践的样板，为上海乃至全国的土地制度改革作出了重大的贡献。

上海市土地使用权有偿出让决标新闻发布会（图片来源：《口述上海——改革开放亲历记》P255）

一马当先的“华东第一乡”——马桥

29

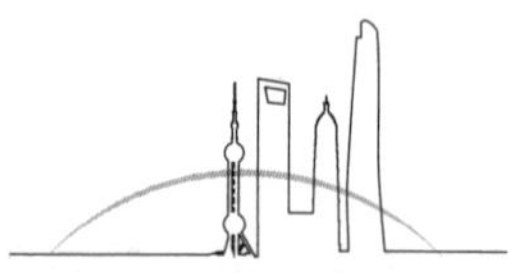

名称：一马当先的“华东第一乡”

地点：闵行区马桥

上海时刻：1989 年

马桥位于上海市闵行区，因旧时有四座石桥，分布呈马状，故而得名。20 世纪 90 年代以来，马桥的经济取得了长足发展。1990 年和 1995 年两次荣获“全国最佳乡镇”称号，获得了代表全国乡镇最高荣誉的“大地杯”。

成为“华东第一乡”

20 世纪 60 年代，马桥和马陆曾被誉为上海郊区并驾齐驱的两匹骏马。马桥素有“粮仓”的美称，但是到了 20 世纪 70 年代后期，单靠农业的马桥经济明显落后了。当时，马桥拥有 3.9 万亩耕地、3.1 万人口，但社会总产值只有 0.5 亿元。而马陆的社会总产值已经突破了 1 亿元，率先成为市郊的“亿元乡”。马桥人不得不迎头追赶了。

从 1983 年起担任马桥党委书记的王顺龙一心扑在马桥的经济发展上，他曾说：“人才是致富之根，科技是振兴之本，搞活是发展之门，政策是成功之路。”这也是马桥经济腾飞的“根本门路”。

马桥经济腾飞的起点在彭渡村以及当时的村党支部书记吴权民。他带领全

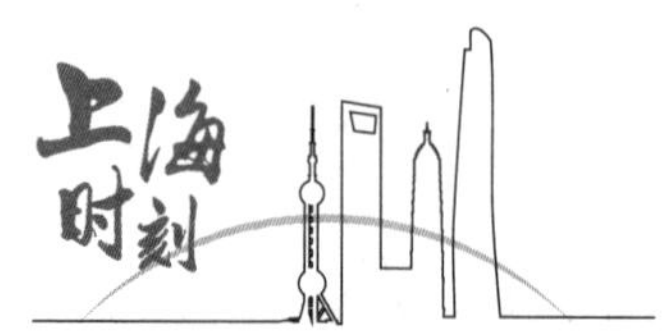

村人开办了皮鞋厂、冰箱厂、服装厂，撑起了彭渡村的工业经济。1985 年，彭渡村成为市郊“首富”。马桥的其他村、队也纷纷转变思路，创办了无数家企业。

1989 年，马桥成为“华东第一乡”。这一年，马桥的社会总产值 7.2 亿元，比上年增长 30% 以上；工业利润 6611 万元，比上年增长 26.14%。

马桥在原有项目的基础上，大力发展自动化程度高、劳动生产率高和人均创利高的电气电缆、塑料制品以及日用化学工业产品三个新项目，这三个新项目在马桥工业经济中挑起了大梁。

“亿元村”——旗忠村

20 世纪 80 年代，在中国广袤的农村土地上，涌现了一批走在改革前列的村庄。它们被称为“亿元村”，旗忠村是这些村庄中的“明星”。

1984 年以前，旗忠村被称为马桥的“西伯利亚”，是全乡有名的穷村之一。1983 年，全村年工业利润只有 5000 元，人均连 5 块钱都不到。被穷逼得喘不过气来的村党支部书记高凤池下决心要把村里的经济搞上去，开始带领村民寻找发展的道路。他走的第一步是向副业开路：种植了 80 亩甘蔗，开挖了 140 亩鱼塘，同时饲养家禽牲畜，种植蘑菇。短短一年，副业收入 20 万元。旗忠村收获了乡镇企业发展的第一桶金。

1985 年，高凤池和乡党委领导商量开办马桥电缆厂，从生产普通电线到低级电缆再到高级电缆，取得了良好的经济效益，产值连续三年过亿。就是靠着马桥电缆厂，旗忠村走向了富裕之路。在此基础上，旗忠村先后办起了上海旗忠汽车修理厂、上海旗忠高尔夫俱乐部、上海旗忠森林体育城有限公司等。

马桥今天的成绩和往日的历史交相辉映，不仅照亮了马桥更加远大的前程，而且更加丰富了它的内涵。马桥人不甘落后、勇闯第一的精神依然鼓舞着今天的马桥人继续奋发图强，实现马桥更好的发展。

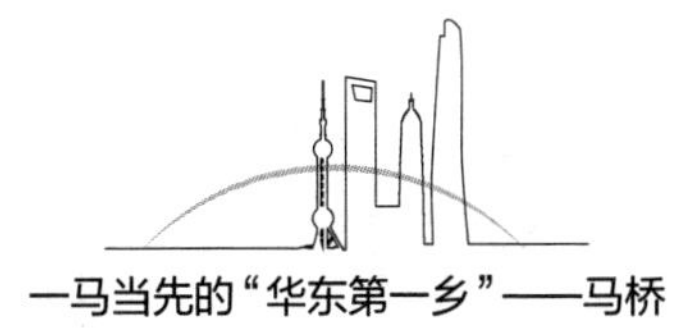

南浦大桥建成记

30

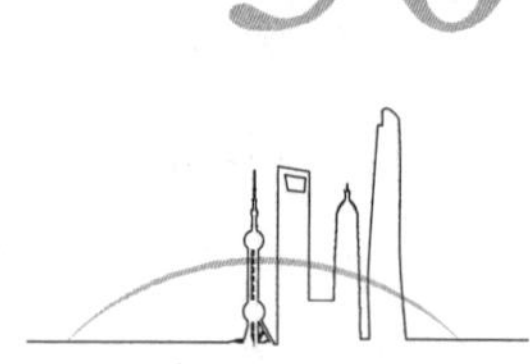

名称：南浦大桥

地点：黄浦区南码头

上海时刻：1991 年 12 月 1 日

南浦大桥是上海市区第一座自行设计、自行建造的双塔双索面、迭合梁斜拉桥。1991 年 12 月 1 日，南浦大桥建成通车，宛如一条昂首盘旋的巨龙横卧在黄浦江上，圆了上海市民“一桥飞架黄浦江”的百年梦。

选址南码头

1988 年，朱志豪走马上任，成为南浦大桥建设指挥部（以下简称“指挥部”）的总指挥。指挥部成立后的第一件事是在黄浦江两岸寻找桥址。由于之前从来没有建造过如此大跨度的桥梁，选址的原则既要发挥连接主干道的功能，又要考虑江面越窄越好。最后，南浦大桥选址在南码头，那里是黄浦江市区段江面最窄处，航道距离为 350 米，又是上海内环过江的咽喉要道。为了保证航道与防汛的需要，指挥部将大桥主塔向两岸延伸，决定最后的主桥跨度为 423 米。

盘龙昂首黄浦江

为了节省占地面积，南浦大桥的浦西引桥采用了螺旋形上升的设计方式。整座桥如“盘龙昂首”，整体造型刚劲挺拔、简洁轻盈，凌空飞架于黄浦江之上，景色壮丽。浦西引桥以复曲线呈螺旋形、上下三环分岔衔接周边街道，而浦东

引桥向东直通街道，并以复曲线呈圆环形与浦东南路两头相连。

先拼装再安装

“三年一定要把大桥建成！”时任上海市市长黄菊提出要求，三年不仅要把南浦大桥建好，而且还要把建设南浦大桥的人才培养出来。指挥部采取交叉同步的方式，勘察设计、工程设计、征地动迁、科研项目等齐头并进。参加建设南浦大桥的人员，前前后后加起来将近1万人，涉及15个设计单位，5个制造厂。为了做到一次成功，指挥部要求制造厂在工厂里先把桥板拼装一遍，确保长度、弧度全部符合设计要求，验收通过后再送到现场安装。

16个重大科研项目

在南浦大桥之前，中国人从来没有建造过同类型的大跨度桥梁。指挥部请来全国的桥梁专家出谋划策，与南浦大桥总工程师和总设计师一起开会，分析可能会遇到的问题。之后，大家对问题进行分类，确定哪些问题可以解决，哪些问题要通过科研解决。最后，指挥部确定了16个重大科研项目。经过指挥部和专家们认真研究讨论后，16个重大科研项目都取得了重要成果。为了进行风洞试验，指挥部请同济大学和南京航空学院帮忙。为了测试斜拉索的强度，指挥部用火车专列拉到北京做疲劳试验。

关键的3个洞

大桥钢梁的连接要靠螺栓，总共要打42万个孔洞。工厂工人高度认真，精益求精，但最后还是有3个螺栓没有通过。这3个不合格的孔洞，只能在大桥上直接扩孔，耗费了3个多小时。朱志豪总指挥对工人们说：“你们稍有一点偏差，现场就要耽误很长时间，而且在钢结构上挖孔，对后期的桥梁合龙会有影响。”工人们听得很认真，进一步总结经验教训，在建设杨浦大桥的时候需要打116万个孔洞，一个都没有出错。

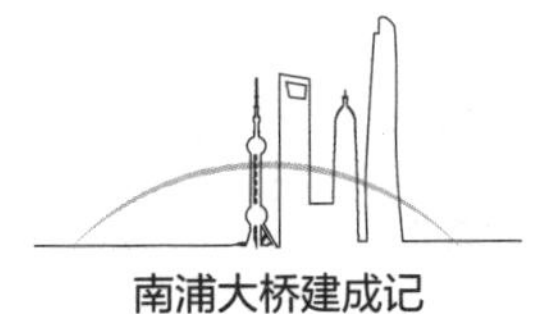

小平同志两上南浦大桥

邓小平同志始终关注着上海的建设，关注着黄浦江上正在建设的南浦大桥。1991 年 2 月 18 日，邓小平同志站在南浦大桥的西段，兴致勃勃地观看建设中的南浦大桥，并答应为南浦大桥题词。1992 年 2 月 7 日，邓小平同志走到南浦大桥桥面，问这座桥是不是世界第一，陪同的朱志豪总指挥说是世界第三。

一座桥体现上海精神

南浦大桥建设成功了，比计划提前了 45 天。工程成本节约了 526 万，是造价的千分之六。对于关键的钢结构焊接质量，用超声波检查、磁粉探伤、X 光探伤三种方式都做了检查，均为优秀。大桥采用多项施工新技术，创造了国际一流的施工速度。李鹏同志为大桥的建成剪彩时由衷地赞叹：“南浦大桥工程体现了上海的精神、上海的风格、上海的水平、上海的效率。”

南浦大桥（摄影：李东）

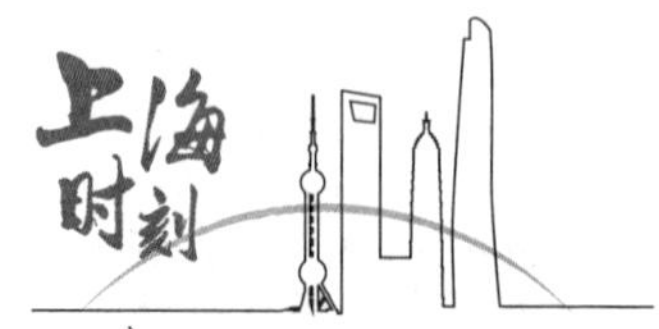

中国对外开放的第一个合资项目——上海大众 31

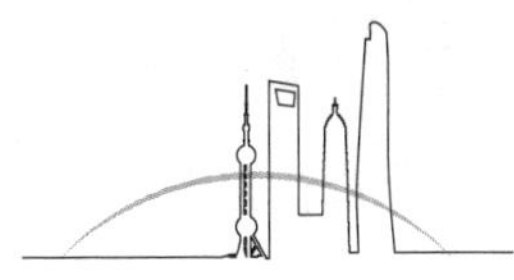

名称：上海大众汽车有限公司

地点：嘉定区安亭镇

上海时刻：1984 年 10 月

20 世纪 70 年代，欧美、日本的汽车市场已经进入快速发展甚至接近饱和阶段，而国内由于生产技术落后，轿车对普通老百姓来说仍然遥不可及。

中德合资建公司

1978 年 11 月，邓小平同志亲自批示“轿车可以合资”，一时之间市场嗅觉灵敏的多家国外汽车企业开始与国内的汽车企业进行接触、洽谈合作。上海借此东风，决定通过合资学习外国的先进技术，打造属于自己的汽车工业。上海前后找了六个国家的跨国企业谈合资，包括通用、日产、雪铁龙、雷诺等，但大多数国外汽车企业认为中国的基础太差，不具备合资条件，顶多可以考虑组装别人的汽车。只有德国大众看到了中国市场的广阔前景，答应了合资。

经过长时间的艰苦谈判，双方达成了合作意向。1984 年 10 月，中德双方在人民大会堂签订合作经营合同，由中德双方各出资 50% 组建上海大众汽车有限公司（以下简称“上海大众”），生产桑塔纳轿车，由此开启了中国汽车工业发展的新纪元。

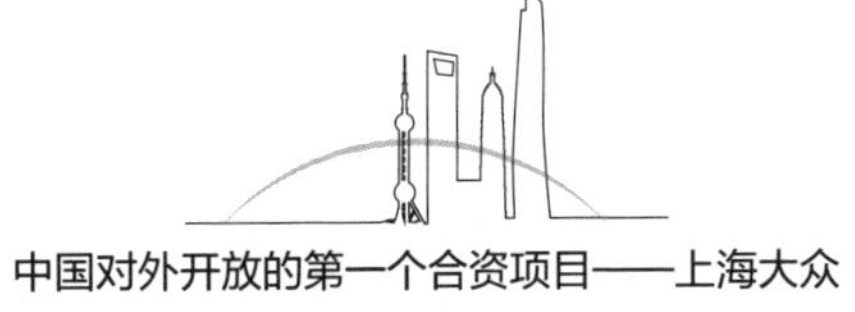

零部件国产化

1985年，首批桑塔纳正式生产，市场反响良好。但上海大众深刻地意识到技术差距：对中方来说，现代轿车制造完全是零基础，这批轿车上除了轮胎、收音机、天线和标牌"四大件"外，其余都是进口货。桑塔纳的国产化率仅有2.7%，基本没有符合德方要求的零部件国产化基础。

通过向德方取经，中方的装配工艺、流程、技术、质量提升很快，但是零部件国产化却步履艰难。20世纪80年代末，汽车工业被列为国产化的重点项目，桑塔纳如何实现国产化受到我国高层领导的密切关注。上海开始举全市之力，打响了零部件国产化攻坚战，建立以整车为龙头、以零部件企业利益为纽带的共同体，零部件国产化难题逐渐突破。桑塔纳的国产化率快速提高，1989年为31%，1990年超过60%。1991年，桑塔纳的关键零部件如车身、发动机以及变速箱都相继实现了国产化；同年，上海汽车工业税利突破14亿元，成为上海第一大支柱产业……上海大众加速发展，仅1993年就生产了10万辆桑塔纳，相当于前9年产量的总和，上海大众正式进入了大批量汽车制造企业的行列。经过不断创新，上海大众推出了许多深受市场青睐的车型。2019年1月12日，上汽大众官方宣布，已经完成了上汽大众第2000万辆汽车的下线。现在上海的汽车工业已经走向全世界，开始在海外与当地合作伙伴合资建厂，实现海外本土化生产、销售的跨国经营模式。

快速发展，接轨世界

作为中国最早的轿车合资企业，上汽大众以开放合作的胸襟、实践创新的勇气与智慧，在深化改革开放的环境中发展壮大。它的发展历程为中国汽车工业的快速发展提供了与世界接轨的经验和成功的实践模式。

伴随着上汽大众的腾飞，中国汽车工业驶上了跨越式发展的快车道，从2009年开始，连续九年成为世界第一汽车大国。改革开放让中国汽车工业站起来、强起来，造就了全球最大的汽车消费市场和汽车生产基地。

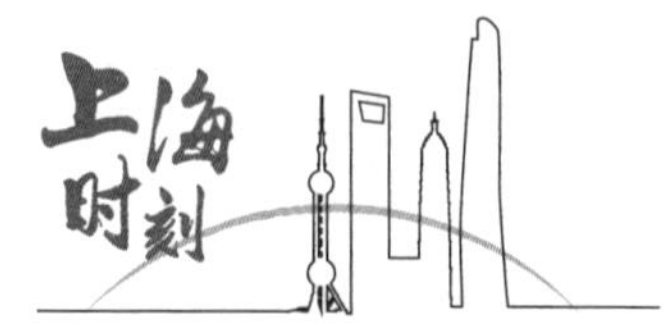

上海证券交易所的成立 32

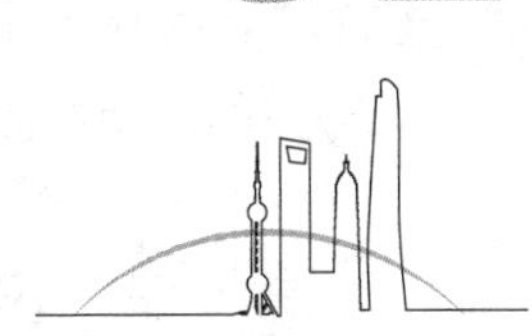

名称：上海证券交易所

地点：浦江饭店

上海时刻：1990 年 11 月 26 日

1990 年初，国外对我国实行的改革开放政策持怀疑和抵制态度，西方七国集团还对我国实行经济制裁，导致大量外资撤出。为了推动证券交易所和资本市场的建立，上海成立由时任交通银行董事长李祥瑞、时任上海市人民政府经济体制改革办公室主任贺镐圣、时任中国人民银行上海分行行长龚浩成组成的“三人领导小组”。1990 年 6 月，上海市领导率代表团访问美国、新加坡等地，宣传我国的改革开放政策。在出访期间，时任上海市市长朱镕基对外宣布：上海证券交易所将在当年年底成立。这一消息传出，在国内外引起了轰动。

为证券交易所选址

筹备证券交易所的工作紧锣密鼓地展开了，只有短短的 6 个月。参与筹备工作的人员既没有留洋经历，也没有出国考察过，所以困难重重。其中，最重要的就是选址。因为黄浦区是上海金融机构集中的地方，所以最好是在这里找到交易场所。筹建者跑了很多地方，如旧上海交易所、苏州河边的旧仓库、火车站售票大厅……这些地方都不合适。直到有人提议去浦江饭店，里面有一个充满欧洲古典风情的宴会大厅。上海证券交易所最终选址在这里，并重新设计了一下。

场地的问题解决了，那么该以什么形式交易呢？当时发达国家的交易所主

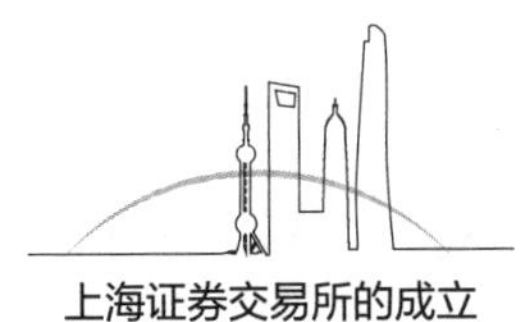

要还是口头竞价的方式，只有新加坡等新兴市场正在推行计算机交易。我国当时的上市公司很少，柜台交易的只有两家，到开业时才凑到八家，就是大家常说的“老八股”。但是筹建者很有远见地坚持用计算机交易，在很短的时间内开发出电脑交易软件，在开业当天就成功运转了。

上海证券交易所（摄影：郑旦军）

新中国第一家证券交易所诞生

1990 年 11 月 26 日，上海证券交易所成立。1990 年 12 月 19 日，上海证券交易所开始正式营业。时任上海市市长朱镕基率上海市高层领导，与来自国家经济体制改革委员会、中国人民银行等部委的领导，来自香港贸易发展局、香港证券交易所、香港金银业贸易场、新加坡证券交易所、吉隆坡证券交易所、东京证券交易所的负责人以及来自美国、英国、法国的政界人士和金融家先后入场。随着朱镕基市长宣布上海证券交易所开幕，开市的第一声铜锣敲响。这个

消息迅速传遍全世界，向外界传达了我国坚持改革开放的态度与信心。

上海证券交易所成立之初，围绕意识形态的议论非常多。在当时人们的观念里，证券交易是资本主义经济的，企业上市也涉及生产资料公有制的敏感问题。所以，对股票心存疑虑的人们观望不前，股市交易低落。直到邓小平同志南方谈话以后，他对股市作出了明确的解释，股市才真正火热起来，股民数量激增。

上海证券交易所的成立，打破了当时很多思想、经济、制度的禁区，推动了改革开放的深入发展。

上海证券交易所大楼（摄影：郑旦军）

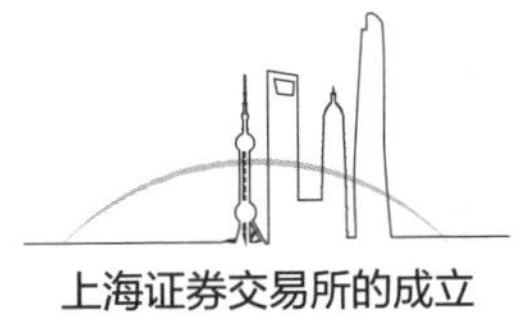

上海第一家连锁超市
——联华超市

33

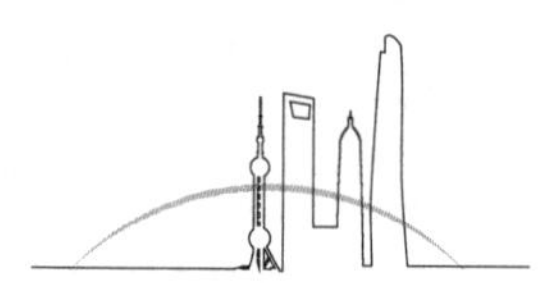

名称：联华超市

地点：虹口区曲阳中心商场

上海时刻：1991 年 9 月 21 日

今天，超市早已是稀松平常的事物，没有什么人会为此大惊小怪。可是放到 20 世纪 80 年代，那可就是另一番场景了。那个时候，还没有超市这个名字，最早在上海叫“自选商场”。

自选商场

1984 年 9 月 30 日，上海粮油食品自选商场在这天早晨开业。这家自选商场营业面积 400 多平方米，是当时上海最大的超级市场，也是上海最早成立的超市之一。天还没亮，但是西藏南路会稽路路口就聚集了不少上海市民。

全部“敞开”的货架，明码标价，要什么，自己伸手去拿便是，任你比较货物的重量、价格。这种感觉，是从物质短缺时代过来的人从未体验过的。就连小小的一张收银条，都让人感到新奇，付款的商品、时间、价格、找零都一目了然。

一时间，上海街头出现了数家自选商场，但没两年时间，不少门店就因为“入不敷出”而偃旗息鼓了。

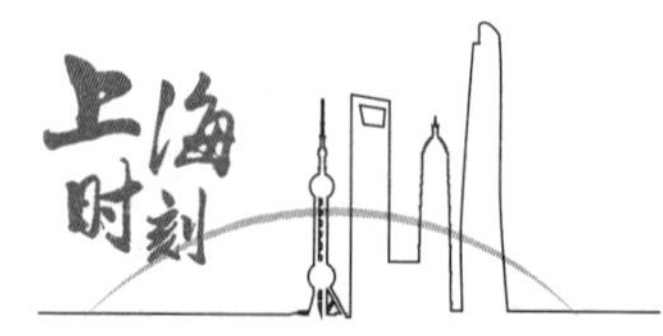

货真价实的超市

20 世纪七八十年代，超市在香港、广东已经比较成熟和普遍，上海自然不甘落后。1991 年 9 月 21 日，第一家联华超市在曲阳中心商场开业，拉开了连锁超市遍地开花的序幕。很多经历过此事的人回忆说："联华超市刚开业的那几个星期，天天爆满，大排长龙。"曾在联华超市担任首席新闻发言人的孙明回忆说："有些住在市区的人也特意乘公交车来看热闹。"

比较有意思的是，这家引起轰动的超市，是依照一盒片长仅十几分钟的录像带筹建起来的。因为当时既没有现成的专业人员，也没有现成的样板可以借鉴，只有一盒香港屈臣氏超市的录像带，中间还夹带着许多广告。联华超市的筹备组就根据录像画面，照葫芦画瓢做了超市商品布局的设计。

而且当时超市也没有现在这些先进的管理工具，电脑、扫码枪都没有，进出货全靠手工开单。只有一条传送带，常常是白天忙着往楼上发货，晚上还要补货。超市里的工作都是连轴转，总经理都要经常帮忙运货。

市民为什么愿意到超市购物？一是方便，二是货品齐全。开架式超市和传统食品商店的陈列方式完全不同，更友好，也更方便。而且当时的曲阳新村里很少有食品商店，有些商品要跑到市中心的食品店才能买到，而超市则一下子带来了三五千种商品。

原上海市人民政府财贸办公室主任、上海市商务委员会主任张广生回忆起第一家联华超市，曾经这样写道："超市不仅改变了工业的生产流程和产品供应链，同时也使上海人的生活节奏加快，生活质量随之提高。超市的出现，使上海这座城市步入国际化大都市的行列，它所引发的社会文明内涵、道德规范，必然也要引起'现代商业'与'传统商业'的碰撞。"

商业是上海之魂，而零售是商业的试验田和竞技场，上海从未放弃在这块天地的尝试与耕耘。第一家自选商场、第一家超市、第一家卖场……上海一直在开拓，在创新。

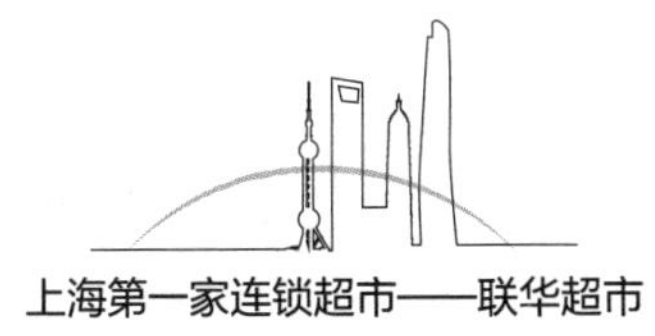

我国第一个综合性现代农业开发区
——孙桥现代农业开发区

34

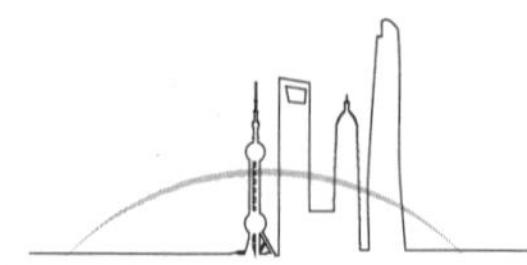

名称：孙桥现代农业开发区

地点：浦东新区孙桥镇

上海时刻：1994 年 9 月 6 日

在寸土寸金的上海，耕地资源稀缺，20 世纪 90 年代末，针对上海是否需要发展农业有过争议。参照其他国际性大都市的发展历程，农业是现代化都市必不可少的组成部分。因此上海历届政府都一直关注农业的发展，不断探索现代农业的发展道路。21 世纪初，上海开始建设 12 个市级现代农业园区，其中孙桥现代农业开发区是比较成功的范例。

先进科技支撑农业发展

孙桥现代农业开发区是在孙桥镇一个围垦的农场上建设起来的，是由上海浦东现代农业开发有限公司进行开发的，最初的注册资金是 1.5 亿元，国有资本占 60%，孙桥镇占 40%。1994 年 9 月 6 日，孙桥现代农业开发区正式挂牌，是我国第一个综合性现代农业开发区。1995 年，孙桥现代农业开发区从荷兰引进了当时世界上最先进的自控智能温室，这种温室平均每亩产值七八万元，相当于普通农田的八九倍。之后，孙桥现代农业开发区的技术人员在研究国外温室技术的基础上，研制出国内首座自控玻璃温室，很快便投入生产。国产温

室和引进的温室效果差不多，但是价格却低了不少。因此，上海制造的自控智能温室在全国各地兴建起来了。

孙桥现代农业开发区建立的前5年，除了3万平方米荷兰自控玻璃温室外，还引进了10万平方米法国温室，自行设计并建造了4万平方米国产自控智能温室，建造了30多万平方米连栋温室和单体塑料大棚以及1.08万平方米半工厂化育苗设施，还建造了工厂化食用菌生产设施、工厂化育苗设施以及植物组织培养室等，工厂化、设施化农业初具规模。

孙桥现代农业开发区在种子种苗产业、生物技术等方面也进行了积极探索，成立了一家种子公司，与上海市农业科学院合作研究种子的育种、繁种和加工。孙桥现代农业开发区还运用了无土栽培、生物防治蔬菜病虫害、人工补充二氧化碳、电脑调控生长等先进技术。可以说，高科技在孙桥现代农业开发区中的应用比比皆是，开辟了科技振兴农业的现代化道路。

农业旅游新景观

孙桥现代农业开发区大力发展农业旅游观光，将农业与旅游、教育相结合，每年到孙桥现代农业开发区体验现代农业的游客约20—40万。在这里，游客不仅可以参观农产品检测中心、自控温室、无土栽培园等先进园馆，而且可以看到各种时令蔬果，在游玩体验中感受高科技农业。另外，孙桥现代农业开发区还建立了农业科普教育中心和中小学生农业知识培训基地，对大众进行农业知识及食品安全教育，每年有3万余名高中生来这里开展学农活动。

孙桥现代农业开发区已从主打现代温室参观和采摘观光旅游发展到投资监理大型农业展览馆、工厂化育苗基地、养鲟基地等，走出了一条“产加销一体，农科游结合”的农业产业化道路，成为上海现代都市农业的一个缩影。

孙桥现代农业开发区得到了国内外广泛的关注和充分的肯定，各地来孙桥现代农业开发区学习观摩的团体络绎不绝，成为集现代农业开发、科研、生产和青少年科普教育以及观光旅游于一体的上海农业旅游新景观。

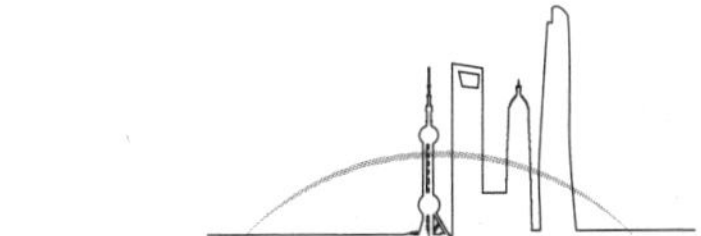

一条大道跨世纪

35

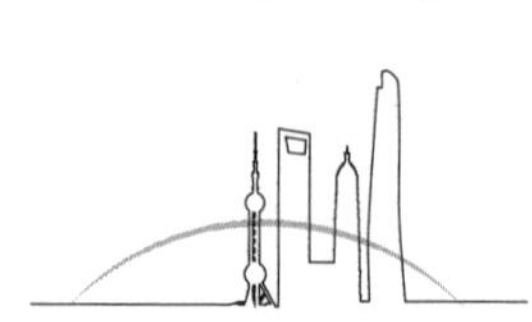

名称：世纪大道

地点：东方明珠至世纪公园

上海时刻：2000 年

世纪大道是一项跨世纪的伟大工程。1997 年分段辟筑，原名中央大道。1998 年改名为世纪大道。2000 年正式通车，成为浦东开发的重要标志性成果，也因此成为一条名副其实的世纪路。

贯穿东西的“中轴线”

世纪大道是一条新路。20 世纪 90 年代，上海市委、市政府领导下决心在浦东新建一条中央轴线大道，并通过已有的延安东路隧道，把上海的东西向城市主轴线延伸到浦东陆家嘴，甚至延伸到浦东国际机场。这条大道就是后来的世纪大道。它把浦东南路金融街、新上海商城、竹园商贸区、花木行政中心、国际博览中心以及临港科技城等串联起来，形成功能多样且景观壮丽的城市面貌。时任上海市市长朱镕基十分重视这个规划，曾先后六次听取汇报。

世纪大道宽百米

世纪大道在设计上较好地解决了人、交通、建筑三位一体的综合关系。与一般的上海道路不同，世纪大道特别宽，而且是第一条绿化景观和人行道比车行道宽的城市景观大道。世纪大道宽 100 米，其中车道宽 31 米，双向各有

六车道，两侧还有 6 米宽的机动车辅道。为凸显园林景观效果，绿化景观和人行道共 69 米宽，北侧 44.5 米宽的人行道布置了 4 排行道树，常绿的香樟在外侧，沿街的内侧则是冬季落叶乔木银杏，起到了夏遮冬透的效果。南侧 24.5 米宽的人行道布置了 2 排行道树。同时，北侧人行道还建有 8 个长 180 米、宽 20 米的“植物园”，分别取名为柳园、水杉园、樱桃园、紫薇园、玉兰园、茶花园、紫荆园和栾树园，主题突出，各具特色。

设计师的“时间”灵感

世纪大道的路名激发了设计者的灵感。来自法国的夏邦杰先生和中国的陈逸飞先生提出以“时间”为主题，在世纪大道上创作了一座重要的雕塑——东方之光。它坐落在世纪大道与杨高路的交汇处，以原始日晷为原型，采用不锈钢管架结构，既能让人想起遥远的中国历史，又极具现代科技的灵动。上小下大、椭圆形的晷盘象征着地球，晷针穿过的终点代表中国。据专家测定，晷针指向正北方，根据太阳照射投下的阴影具有计时功能。此外，世纪大道上还有许多其他建筑雕塑，如世纪辰光、五行等，施工也是精益求精，让游人流连忘返。

东方之光（摄影：郑旦军）

神奇的稳定土

世纪大道的建设要求高质量、高水平。为了保证基层坚实，工人们发明了一种瓦砾石灰稳定土。工程人员利用动迁下来的废瓦砾，挑选其中 5—7 厘米的瓦砾，与石灰土拌和，形成瓦砾石灰稳定土。工人们打好方格，一块一块地认真筑牢基层，像是在做艺术品一样，为这条路的百年质量奠定基础。用这种土做基层，铺出来的路面特别平整，甚至车开上去都没有痕迹。

铺路就像打大战

铺路是在闹市中心施工。为了不影响交通和城市环境，施工组织要做到更精细、有序、高效。其中，最令人难忘和激动人心的场面是在金茂大厦和东方明珠旁边的沥青摊铺。路面特别宽阔，安排六台摊铺机同时摊铺，且摊铺不能停，要连续作战。在正式摊铺前，施工人员反复进行空车演练。还专门联系了空军做小范围的天气预报，做好各种预案。为了减少对交通的影响，指挥车停在施工现场，施工人员带好干粮，从凌晨开始准备。施工开始，几十辆载着热气腾腾的黑色沥青的工程车浩浩荡荡地开到工地，摊铺机、压路机轮番作业，仿佛打一场大战一样，场面十分壮观。施工从下午开始，一直干到第二天凌晨，一气呵成，十分成功。

东方的香榭丽舍大街

世纪大道建成后，成为浦东新区最重要的景观大道。世纪大道东端有上海科技馆、浦东新区行政中心、世纪公园，西端有东方明珠、国际会议中心，与外滩观光隧道、延安东路隧道相接。世纪大道两侧有金茂大厦、中国保险大厦、浦发大厦、凯乐大厦、裕安大厦、上海期货大厦等。轨道交通 2 号线于地下通过，并设陆家嘴、东昌路、上海科技馆等站。随着时间的推移，世纪大道两侧的景观工程和商业、文化、旅游、休闲功能开发工作日益完善，被誉为东方的香榭丽舍大街。

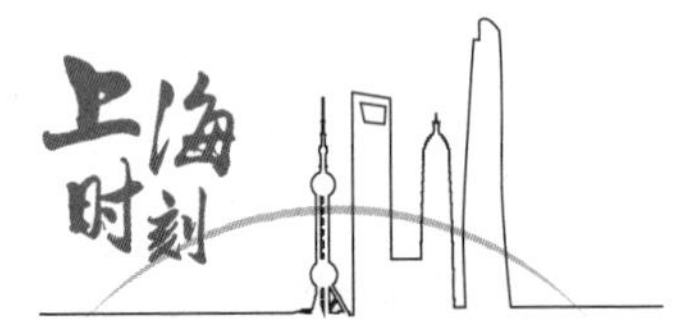

苏州河治理

36

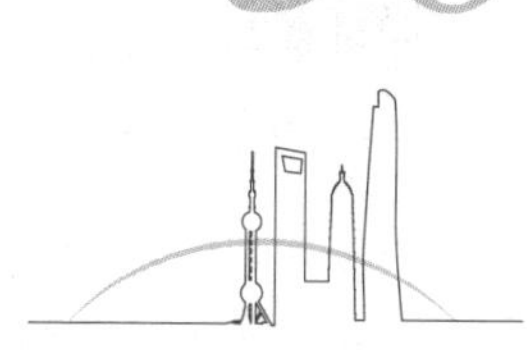

名称：苏州河治理

地点：苏州河

上海时刻：1996 年

苏州河也称吴淞江，源自江苏太湖瓜泾口，在上海外滩汇入黄浦江，全长 125 千米，上海境内 53.1 千米。苏州河沿岸是上海最初形成的发展中心，催生了几乎大半个古代上海，之后又用 100 年时间成为搭建国际大都市的水域框架。

在上海而叫“苏州河”

19 世纪中叶，上海开埠后，部分爱冒险的外国移民由上海乘船而上，溯吴淞江直达苏州，就顺口称其为“苏州河”。到 1848 年，上海道台麟桂在与英国驻沪领事签订扩大英租界协议时，第一次正式把吴淞江写作“苏州河”。由此开始，“苏州河”之名逐渐流行。但当时河名确指并未明确，在民间也有多种说法，2004 年初出版的《上海通志》把苏州河确指为上海境内的河段。

“臭”名远扬

古代苏州河的水质非常清澈，是一条风光秀丽的水道。1911 年，苏州河河水被拿到国外去做检测，结果与法国的塞纳河、英国的泰晤士河不相上下。

第一次世界大战期间，苏州河一头连着腹地，一头连着大海，地理位置非常好。因此，苏州河两岸迅速建起了大量的工厂，吸引了江苏、安徽、山东的

一大批难民沿河居住。于是，大量的工业废水和生活污水未经处理就被直接排入苏州河，这些都超出了河流本身的自净能力。1920 年，苏州河河水开始出现局部黑臭。

中华人民共和国成立后，上海工业进入高速发展期，苏州河两岸建起了更多的工厂，也容纳了更多的居民。大量的污水被排入苏州河里。1978 年，苏州河全线黑臭，当时老百姓用六个字来形容它——“黑如墨、臭如粪”。

苏州河见证了上海工业的发展进程，也付出了沉痛的代价，成为系在这座繁华都市腰间的一条“黑丝带”。

140 亿元的天价治理

1996 年，上海市开展苏州河环境综合整治工作。上海市人民政府成立领导小组，由时任上海市市长徐匡迪担任领导小组组长，负责苏州河环境综合整治工作的组织、协调、督促和检查，全面推进苏州河环境综合整治工作。

当时的治理目标是 2000 年消除黑臭，2010 年水中有鱼。为了分期分批完成目标，领导小组制定了三期工程。一期工程主要解决六条支流的污染，一共花了 70 亿元。二期工程主要是在河流泵站兴建调蓄池。三期工程主要是防汛墙的改造以及底泥疏浚。三期工程总共花了 140 亿元。

苏州河治理过程非常艰难，因为它地处上海最繁华的市中心地区，流经上海原来的 9 个区，这导致它的污染范围非常大。另外，苏州河的水系与上海的多条河流交织在一起，你中有我，我中有你，水质相互影响。所有这些原因使得苏州河的污染源面广且污染量多，增长和变化都很快。

比如苏州河的黑臭问题，很大程度上与它是一条潮汐河流有关。它每天涨潮落潮导致的问题是排到河里的污水最长需要 20 天才能流入黄浦江。污水刚要排出去，黄浦江就涨潮了，又把污水推了回来。

当时找了一些专家，在二期整治过程中专门设计了闸门，在黄浦江涨潮时把污水拦住，使涨潮的水推不上来；等落潮的时候，使苏州河河水加快流入黄

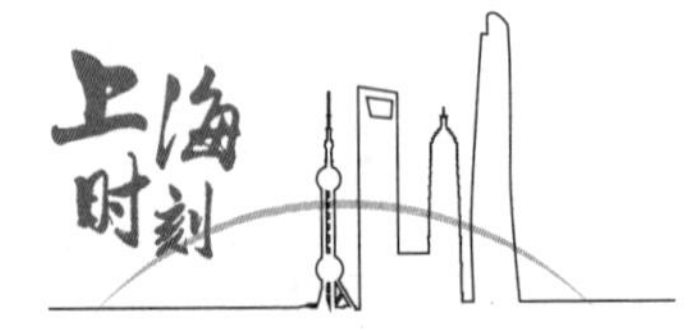

浦江。通过这个办法，苏州河由原来东西方向往复流动，变成由西向东的单向流动，增加了水体流速。2000 年，苏州河消除了黑臭现象。

母亲河再现笑容

三期工程结束，苏州河干流基本达到 V 类水质标准，河水的生态逐渐恢复了，河鱼、河虾也开始多了起来。苏州河两岸建起了 23 千米的绿色走廊、65 万平方米的大型绿地。现在每年端午节，苏州河上都有龙舟比赛。

但是河道治理是一项任重道远的工程，2018 年 12 月 30 日，上海市全面启动苏州河环境综合整治四期工程建设。苏州河环境综合整治四期工程将坚持水岸同治，更加注重治理岸上的污染源，从根源上改善水环境；坚持干支流联治，加强整个水系的污染治理，实现流域水环境的全面改善；坚持两岸贯通与功能提升同步，推动苏州河与黄浦江“一江一河”交相辉映，实现还河于民、还岸线于民和还景于民。

苏州河清水湾（摄影：丁文安）

苏州河市区段最后一班轮渡

37

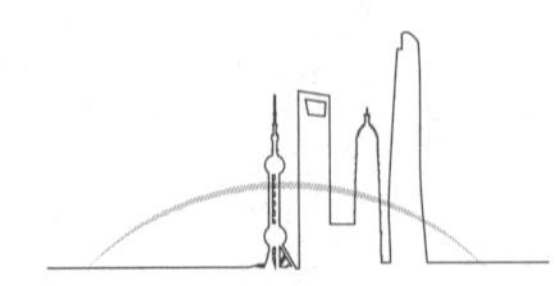

名称：苏州河市区段最后一班轮渡

地点：苏州河

上海时刻：1997 年 12 月 16 日

过去，苏州河上的轮渡运输十分繁忙，有普济路轮渡、纪王渡、强家角渡、新江轮渡、万狮渡等，最多的时候共有 7 个渡口，10 多条渡船，200 多名轮渡工人。

强家角渡的前世今生

强家角渡位于长宁区西部周家桥地区，始建于清末民初，是“义渡”性质，由当地乡绅捐田给渡夫，让他们专门为当地百姓提供免费的渡船服务。这样，周家桥附近的居民来往苏州河两岸就很方便了。不过，“义渡”这种方式难以长期维持，因而强家角渡便成了无人监管的“黑渡”。

1928 年，上海市公用事业管理局在报纸上刊登招商广告，永豫东渡承办人得标，开办了强家角船渡业务。1936 年，强家角渡正式成为合法的民营渡口。可是，一年后爆发的淞沪会战使该渡口被迫停航。抗战胜利后，强家角渡立即恢复运营。

中华人民共和国成立后，苏州河上的私营渡口从上海市公用事业管理局的管理体系中划出，历经交通部上海区港务管理局、上海市内河航运管理局、上海市交通运输管理局私营轮渡管理科统一管理。1956 年，包括强家角渡在内的各个渡

口实行公私合营，以资产入股的方式并入上海市轮渡公司，正式成为国营轮渡。上海市轮渡公司根据客流量和地理位置，对苏州河轮渡航线进行调整，扩建改造轮渡码头，建造乘客候船室，提高了职工的工作待遇，改善了职工的工作环境。

苏州河上的渡轮（图片来源:《口述上海——改革开放亲历记》P388）

1959 年，第一艘电动渡轮投入苏州河客渡营运，不少人把这种新型交通工具称为“水上电车”，强家角渡也用上了电动渡轮。强家角渡北岸抵达光复西路，南岸抵达万航渡路，没有固定的班次，乘客差不多了就开航，每天凌晨 4:45 开始，晚上 11:30 结束，每个月有 3 万人次过渡，是三个渡口里客流量最大的。随着改革开放的不断深入，强家角渡在 1992 年引入了承包制，走上市场化道路。不过，此时客运总量逐年下降。

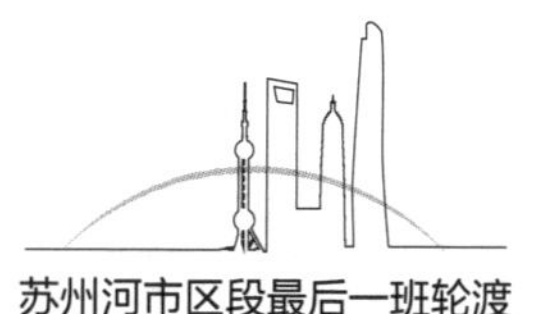

以桥代渡

随着社会经济的发展，以桥代渡逐渐成为趋势，这样既能保障乘客的安全，又能改善城市的面貌。1953 年，在苏州河上建造了长寿路桥。此后 30 年间，共新建、改建车行桥和人行桥 10 座。1981 年，建造了西康路桥，西康渡停渡。1985 年，建造了古北路桥，长宁渡停渡。20 世纪 90 年代初，建造了吴淞路闸桥和成都路桥。随着桥梁的兴建，轮渡就失去功能了，因此渡口逐渐停渡了，尚存谭西渡、北新泾渡和强家角渡。1995 年，谭西渡、北新泾渡也停渡了。

1997 年 12 月 16 日，横跨苏州河的强家角人行桥建成启用，9 点 35 分，强家角渡最后一班轮渡从苏州河北岸缓缓驶向南岸。不少上海市民纷纷赶来乘坐强家角渡最后一班轮渡，以作纪念。自此，苏州河市区段轮渡历史彻底结束。

苏州河上大大小小的渡口曾经为两岸的沟通起到了重要作用，随着城市的发展建设，这些渡口最终被桥梁取代了。苏州河上渡口的变迁史，也折射出上海城市现代化的发展史。

苏州河上最后一班轮渡的小乘客（图片来源：《口述上海——改革开放亲历记》P392）

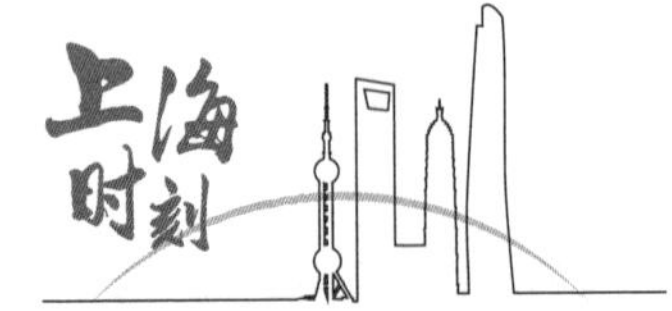

上海最大棚户地块的动迁改造 38
——“两湾一宅”

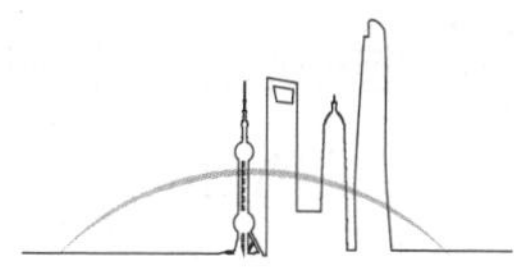

名称：“两湾一宅”的动迁改造

地点：潘家湾、潭子湾和王家宅

上海时刻：1998 年 8 月 10 日

“两湾一宅”是潘家湾、潭子湾和王家宅的简称，这里曾是上海工人运动的摇篮之一。20 世纪 90 年代，“两湾一宅”成为上海市中心城区面积最大、危棚简屋最集中、影响最广泛的棚户区。

上海最大的棚户区

“两湾一宅”临近苏州河两侧，上海开埠后，以棉纺业为主的工厂、仓库在此聚集，吸引了大量外来就业人口，他们的住房大多是用毛竹架屋，屋顶铺着油毛毡、草席或者稻草。

中华人民共和国成立后，“两湾一宅”的大部分棚户区得到了不同程度的改造，居民生活条件得到了一定的改善。但是很多居民仍住在危棚简屋中，这里的建筑密度和人口密度可称得上全市之最，而且没有一家医院，没有一家浴室，没有一家像样的商店，更没有一条像样的道路，公交根本无法到达……

“一线天”“搭天桥”“水帘洞”是居住在此处的居民对生活条件的生动调侃。由于住房面积狭小，“两湾一宅”的居民要利用一切可以利用的空间，到最

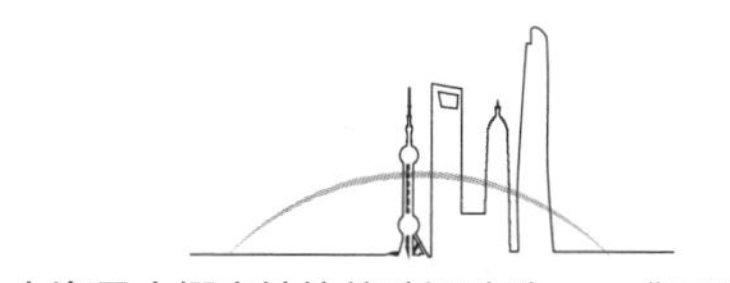

后房子之间的距离近到底楼居民在自家客堂里睡觉，脚伸直都能伸到邻居家里的地步，这样的弄堂被居民戏称为“一线天”。“搭天桥”是指对窗的两家人只需要用搓衣板之类的木板搭起一座“天桥”，就能很方便地将自家的菜肴与邻居一起分享。“水帘洞”是指一根连接两家窗台的竹竿横跨狭窄弄堂，未绞干的水就会顺着竹竿上的衣服往下滴，让走在弄堂里的人感觉自己像是进了“水帘洞”。

“两湾人”圆了居住梦

改造“两湾一宅”、改善居民生活条件是上海市历届市、区政府心头的大事。1998年，时任上海市市长徐匡迪明确提出，“‘两湾一宅’改造工程是上海市旧城改造的‘淮海战役’，是上海市城市建设的形象工程，也是为民造福的实事工程”。普陀区委、区政府将改造“两湾一宅”列为1998年全区工作的重中之重。

“两湾一宅”改造工程最大的难题在于资金无法落实，专门负责前期招商引资、整合资源的普陀区城市投资公司与各方的谈判往往是“十谈九空”。在当时房地产行业不景气的环境下，很少有企业愿意接手这个大盘子。最终，经过多次磋商，与中国远洋运输（集团）公司达成共识，前期动迁费用总计23.8亿元。

1998年8月10日，首期动迁拉开帷幕。普陀区将整个“两湾一宅”的动迁分成三期：第一期动迁王家宅地块，第二期动迁潭子湾地块，第三期动迁潘家湾地块。动迁人员工作非常辛苦，他们中的很多人自身就是动迁户，不计个人得失，率先签字并配合拆迁工作。他们冒着酷暑提供上门服务，做了很多解释工作，收到了动迁居民数百个锦旗和无数封表扬信。1999年6月30日，伴随着几声巨响，在瓢泼大雨中，“两湾一宅”最后的房屋化为瓦砾。短短的10个月，这片存在了几十年的棚户区就从上海版图上彻底消失了。

“两湾一宅”的动迁改造开创了“政府组织、企业参与、各方面配合”的旧改模式，也创造了上海动迁投资最大、速度最快、面积最大、人口密度最高等多项历史纪录，在上海旧区改造历史上留下了闪亮的一页。

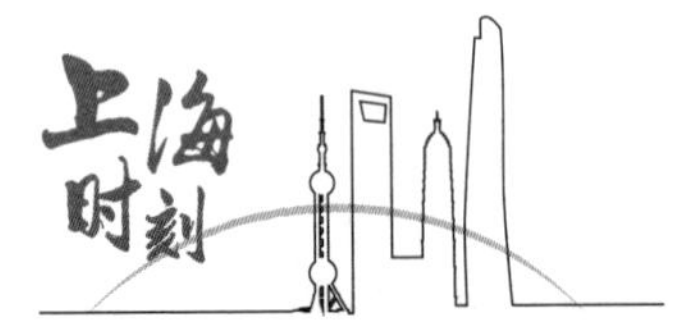

七心凝聚，助力三峡移民

39

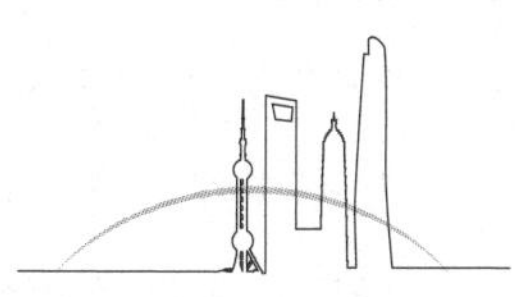

名称：三峡移民

地点：崇明、金山、奉贤、南汇、松江、青浦、嘉定

上海时刻：1999 年至 2004 年

三峡工程最早在 1993 年就开始了。最初的方案是将移民迁徙到长江沿岸的湖北、江苏、浙江和上海地区，后来发现这些地区远远不够，于是将山东、福建、广东等 12 个省市都设为移民外迁的安置地。最终方案确定后，中央开始向各省市分配任务。

分批安置，试点先行

上海市委、市政府接到移民安置任务后，在国务院三峡办的指导下，自 1999 年下半年开始，到 2004 年 8 月结束，历时五年，分四批共安置 1835 户 7519 名三峡移民，分别安置在崇明、金山、奉贤、南汇、松江、青浦和嘉定。第一批安置在崇明；第二批安置在崇明、金山、奉贤、南汇；第三批安置在松江、青浦、嘉定；第四批安置在上述 7 个地方。这些移民中，有重庆市云阳县的南溪镇、龙洞镇、人和街道和双江街道共计 1305 户 5509 名移民；重庆市万州区五桥街道和江南新区共计 530 户 2010 名移民。上海市委、市政府之所以决定将第一批移民安置点设在崇明而非金山、奉贤、南汇、松江、青浦、嘉定这些地区，主要是考虑到从远郊安排到近郊，先安置到最远、经济条件相对较差的崇明。如果先安置到条件好的地方，后面的移民安置工作会有难度。因此，崇明成为上海的第一选择。

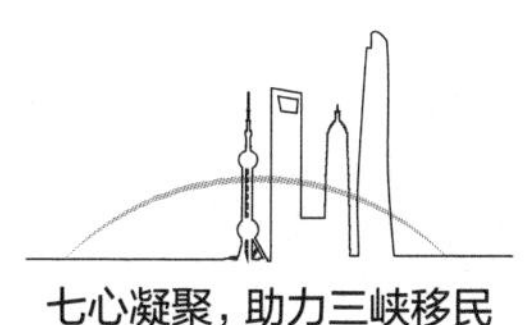

责任在肩，有条不紊

接收并安置四批移民的工作经历了十个阶段。一是调查和动员。接收每批移民前，对移民的各种思想进行调查，有针对性地开展宣传动员工作。二是制定规划。将移民的实际情况与上海的情况相结合。三是选好安置点。四是互相考察。迁出地由领导带队，移民代表专程来沪考察安置点；迁入地有关领导到迁出地了解移民的实际情况，开展宣传动员工作。五是审核移民资格。六是户主对接。七是建造新房。八是准迁签约。九是搬迁运输。十是结对帮扶。2000 年，第一批来沪移民安置试点工作开始。这次移民安置试点工作至关重要，崇明县委、县政府十分重视，专门开会讨论移民安置工作的一些具体问题。首要问题是将移民安置到哪些镇，哪些村？上海市人民政府给出的指导意见是“相对集中，分散安置”。当时每家每户派 1 名移民代表来崇明考察，个别移民要求高，对安置点不满意。崇明县领导听取了移民代表的意见，有针对性地进行调整，向移民积极宣传和耐心解释。因此，第一批移民来上海考察安置点的时候，看到这样的安排，还是比较满意的。

适当补助，勤劳致富

移民按照当地标准拿到的补偿较少，即使加上自己的积蓄，也根本不够在上海造房。经过上海市人民政府的研究和讨论，决定由给移民提供优惠政策。考虑到希望给移民一定生活上的压力，让他们靠自己的努力“勤劳致富”，而不是什么都由政府包办。因此，当时有一个特别优惠的政策就是银行无息贷款，15 年内不用偿还，15 年之后才开始偿还。这一优惠政策对移民的触动较大，大多数移民都选择了贷款。政府出一部分，移民自己出一部分，再贷款一部分，就可以造得起房子了。当时的闵行区、浦东新区、宝山区等尽管没有接收移民的任务，但都提供了资金支持。在多方面的共同努力和协作下，上海市财政局专门拨款，向没有安置任务的中心城区筹措 5260 万元。

政策惠民，共谋未来

上海市各个区县对三峡移民工程都给予了一定的支持、理解和帮助。在这五年中，各个区县给三峡移民工程提供了移民生产资料补助、建房资金补贴等其他社会保障经费近 3 亿元，基本解决了资金问题。另外，当时对移民子女上学问题也出台了政策，前两年免收学费，生活费也相对减免，很大程度上减轻了移民的负担。三峡移民落户上海，全市各级政府和社会各方面十分关心，为他们提供了良好的生活条件，每人 1 亩承包地，1 分自留地，每户移民拥有一幢新建的楼房。为了增加他们的经济收入，当地政府积极帮助移民实现非农就业，对于凡是有劳动能力的移民，都由当地政府推荐就业。生活特别困难的移民，特别是那些身患重病的移民或遇到天灾人祸的家庭，都被列入民政救助的对象。同时，三峡移民全部购买了农村合作医疗、农村养老保险。

三峡百万移民工程浩大，上海 7 个地方所承担的移民任务历时五年。经过十多年的发展，三峡百万移民已经能够较好地融入当地生活，真正实现了“搬得出，稳得住”的目标，正在向“能致富”的目标稳步前进。

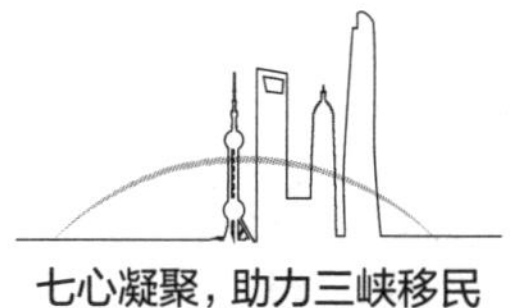

上海旅游节

40

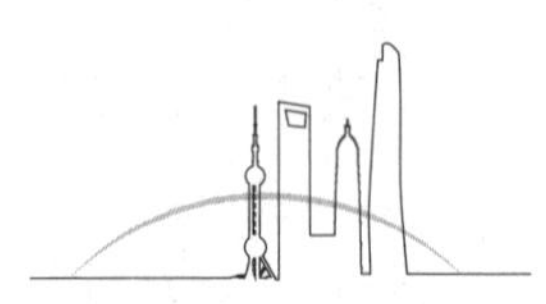

名称：上海旅游节

举办时间：每年九月的某个周六开始，历时 20 多天

上海时刻：1990 年

上海旅游节已经成为上海乃至中国的一个重要标签，是国内规模最大、最具城市影响力的大型旅游节庆活动。上海旅游节以"人民大众的节日"为定位，以"走进美好与欢乐"为主题。活动从每年九月的某个周六开始，历时 20 多天，涵盖了观光、休闲、娱乐、文体、会展、美食、购物等几个大类近 40 个项目。上海旅游节是连接国内与国外的盛会，向海内外集中展现了上海都市风光、都市文化和都市人文的无穷魅力。

第一届花车大巡游

上海旅游节起源于上海黄浦旅游节。1990 年，第一届上海黄浦旅游节成功举办，之后连续举办了六届。1996 年，上海市把黄浦旅游节的品牌接过去，更名为上海旅游节，一年一度，规模越来越大，品牌越做越响。

1993 年金秋，一场花车大巡游轰动全城，也为上海黄浦旅游节带来新的欢乐。花车巡游从此也成了上海一年中最经典的美好片段。第一次花车巡游的地点是人民广场，巡游的规格不低。第一，电视现场直播，当时的 8 频道和 20 频道都有播放花车巡游；第二，花车与方队表演相结合，当年黄浦区各个初高中学校都有学生参加表演，还有些表演和花车是配套的；第三，做花车的钱都是

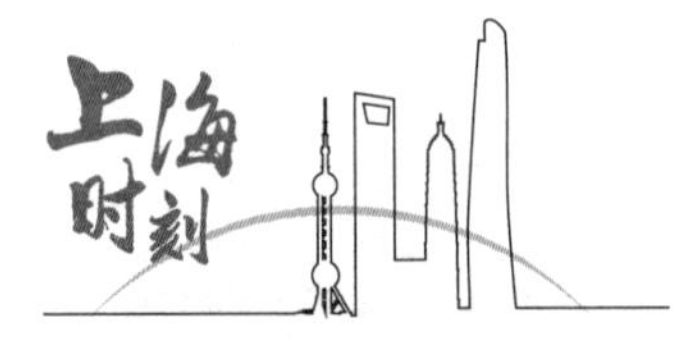

各家公司自己出的，展示了各自公司的风采。这一年，黄浦区有近20家国有公司参加了花车巡游。“王宝和”制作了一辆“大闸蟹”花车，鹤鸣鞋帽店制作了一辆“大帽子”花车，“吴良材”的花车上有一副“大眼镜”……当时还有一个小花絮：“培罗蒙”的花车上，3个3.5米高的模特穿得西装笔挺，穿越人民广场，正当他们风头十足的时候，一阵大风刮掉了其中一名模特的大礼帽，他只好“光着脑袋”走完了全程。

1998年上海旅游节

1998年是上海旅游节的关键一年。那一年的开幕式在和平饭店顶楼花园举行。每个区都来了代表，一人领了一面写有区名的旅游节旗帜。歌手韦唯在和平饭店唱响了旅游节的主题曲《共同的节日》，电视台进行了现场直播。楼顶的风很大，吹得麦克风呼呼响。韦唯嘹亮的歌声伴随着呼呼的风声，唱响了我们最熟悉的这句——“今天是我们共同的节日”。

1998年的上海旅游节也创办了第一届玫瑰婚典。当时的卢湾区参照法国巴黎新娘节，将年轻人的婚礼与城市景观结合起来，为市民游客带来玫瑰婚典。于是，就有了直升机送来“七仙女”的画面。直升机舱门打开，七位新娘好似七仙女走下飞机，在草坪上排成一列。那一年，光登记的就有795对新人，另外还有不少临时报名的，其中有60对新人还乘坐花车参加了花车大巡游。当时还有一个棘手的问题，组委会找不到那么多车，后来临时租用60辆中国出口南美洲的农用车。

上海旅游节已走过了近30个年头，它给我们带来了太多的美好的回忆，每一年的花车开幕大巡游、精彩纷呈的表演以及惠民利民的半价景点门票，都推动着我们的生活、我们的城市向更好的明天前进。

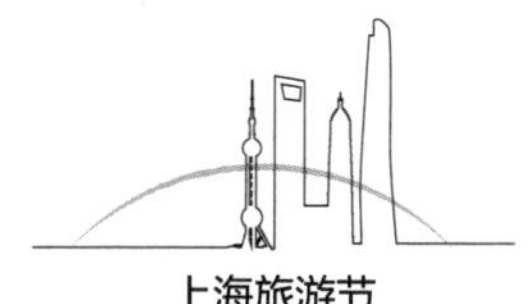

上海国际电影节

41

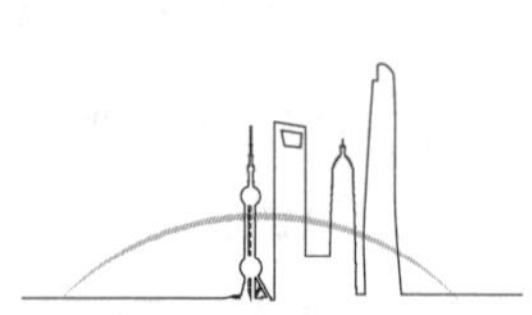

名称：上海国际电影节

地点：上海大剧院

上海时刻：1993 年 10 月 7 日至 14 日

1913 年，中国第一部短故事片《难夫难妻》在上海拍摄；1921 年，中国第一部长故事片《阎瑞生》在上海拍摄；1931 年，中国第一部有声电影《歌女红牡丹》在上海公映；1948 年，中国第一部彩色电影《生死恨》在上海拍摄……电影艺术在上海这座现代化大都市落地生花。百年积淀，风雨洗礼，上海国际电影节的创立将中国电影事业推向了新的发展舞台。

上海国际电影节的创立

改革开放以后，中国电影迎来了新的发展契机，多部影片在国际上获得大奖。20 世纪 80 年代中期，张骏祥、徐桑楚、谢晋、白杨、秦怡、吴贻弓等上海的一批老艺术家纷纷倡议要在中国举办国际电影节。

1992 年，上海市人民政府向国务院申请举办上海国际电影节，同年 6 月 4 日，国务院办公厅复函同意。经过一年多的筹备，第一届上海国际电影节于 1993 年 10 月 7 日至 14 日举行，有 1100 多名中外宾客参加了这次国际电影盛会。评委会主席由中国著名导演谢晋担任，中国香港导演徐克、美国导演奥利弗·斯通、日本导演大岛渚、澳大利亚导演保罗·考克斯、俄罗斯导演卡伦·沙赫纳扎洛夫、巴西导演赫克托·巴本科出任国际评委。在 20 部参赛影片中评出了

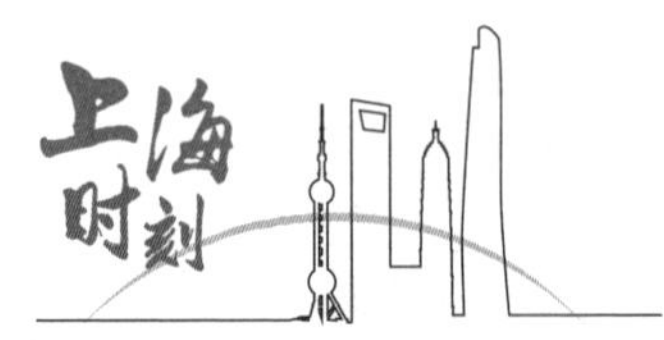

四项金爵奖和一项评委会特别奖，中国台湾中影股份有限公司出品的《无言的山丘》获最佳影片奖。有 20 万观众观摩了来自 33 个国家和地区的 167 部参赛参展影片。

首届上海国际电影节大获成功。国际电影制片人协会秘书长肖恩应邀出席了首届上海国际电影节，并对上海国际电影节按各项国际标准进行了严格的实地考察。1994 年，国际电影制片人协会认可上海国际电影节为国际 A 类电影节。

绽放电影艺术的魅力

上海国际电影节前四届是每两年一届，从第五届（2001 年）起改为每年一届，到 2019 年共举办了 22 届。上海国际电影节的主体活动分为竞赛单元、电影市场、电影论坛、国际电影展映四大部分。竞赛单元包括"金爵奖"、"亚洲新人奖"以及国际手机电影节短片大赛，邀请国际电影界的知名人士组成评委团对参赛影片进行评选。2010 年，确立了"电影频道传媒大奖"，下设 11 个奖项。

上海国际电影节的规模在不断扩展，在国内外的品牌知名度、专业影响力越来越大。2018 年举办的第 21 届上海国际电影节，共有 108 个国家和地区的 3447 部影片报名参展参赛。上海国际电影节是亚太地区最具规模、最有影响力的电影节之一，是中国电影走向世界的一张"金名片"。

上海国际电影节以更加开放、包容的姿态，扶持海内外优秀的电影作品，鼓励年轻优秀的电影演员。上海国际电影节是世界电影艺术绽放华光异彩的舞台，是中国电影做大做强的有力依托。同时，上海依托电影节等文化品牌，提升了城市的文化软实力和核心竞争力，满足了广大人民的文化艺术需求。

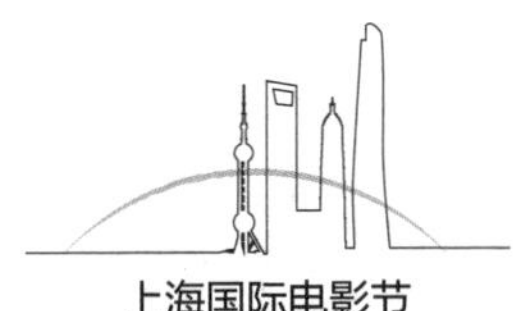

上海国际马拉松赛

42

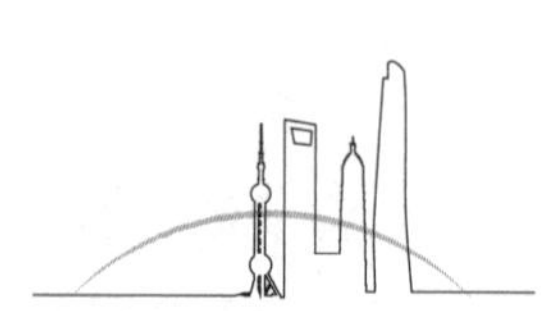

名称：上海国际马拉松赛

举办时间：每年秋冬季节

上海时刻：1996 年 9 月 28 日

中国马拉松的历史最早可追溯到清朝宣统二年，那时举行了第一次长距离竞走。近代的竞走等同于今天的跑步。当然，那时候的集体跑步和如今的马拉松在各方面相去甚远。中国第一场正式的马拉松比赛，是 1958 年 11 月 3 日在北京举办的中国马拉松锦标赛。

20 世纪七八十年代，每年举办的"迎春长跑比赛"是上海马拉松最早的雏形。真正意义上的马拉松比赛，是 1981 年开始举行的"上海杯"马拉松赛。

小众运动

如今，跑马拉松是一种风潮，也是一种时尚。可时间倒退到二三十年前，上海经济刚起步的时候，可就大相径庭了。当时，马拉松还是个比较新的词汇，旁人听来，都觉得有点吓人。那个时候，跑步的人很少，别说跑马拉松了，就连一般的路跑，被别人看见都觉得难为情。因此，早些年正式的马拉松赛只接受专业选手报名。

1982 年，上海民间团体自发组织了首届业余马拉松比赛，25 人参与，最终 22 人跑到终点。这个民间团体就是南京路长跑队，自此以后，他们每年都举行比赛，从不间断，数十载的坚持，在上海赢得了长久的赞誉。20 世纪 80 年代，

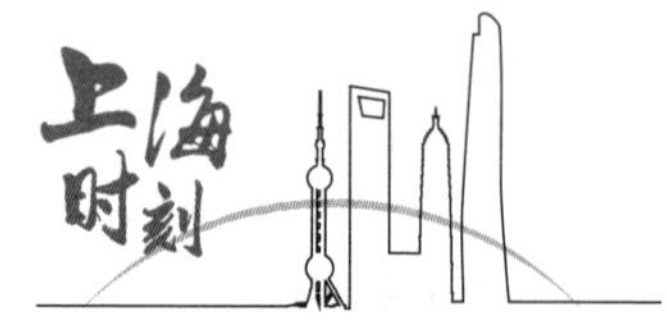

上海马拉松只进入了少数人的视野中。

马拉松成为上海新名片

1996 年 9 月 28 日，首届上海国际马拉松赛（以下简称“上马”）成功举办，参加人数 6000 人，其中境外选手 700 人参赛。

2010 年，由于举办上海世博会，上马的国际化程度越来越高，外籍参赛人员越来越多。自 2010 年之后，每年都有五六千海外选手参与其中。国内对马拉松的热情也逐渐高涨起来，以 2014 年的上马为例，总计 1.8 万个参赛名额竟然有 230 万人报名，成功抢到一个上马的参赛资格堪比春运抢票或者车牌拍卖。马拉松已经逐渐成为上海城市的一张新名片和上海市民的节日。

2012 年上马老年参赛选手（摄影：郑旦军）

2015 年被人们称为“中国马拉松元年”。仅仅这一年，马拉松赛事如雨后春笋般在全国各地开花。从 2014 年的 50 场赛事扩大到 134 场，参赛人数更是达到了 150 万。

在此种“百家争鸣”的态势下，上马不仅要靠专业组织，更需要细致入微的服务，才能在各种马拉松赛事中稳坐头把交椅。2016 年的马拉松行业有句很流行的话：“干好一场马拉松，需要做一万件事。”从赛前 100 天开始计算，每天完成 100 件事，到赛事当天就是整整一万件事。这一万件事会在赛事当天爆发，只有每件事都做好了，才能呈现一场圆满的马拉松赛事。而上马之所以被认为是最接近国际水平的马拉松赛事，关键在于工作做到细致和人性化。

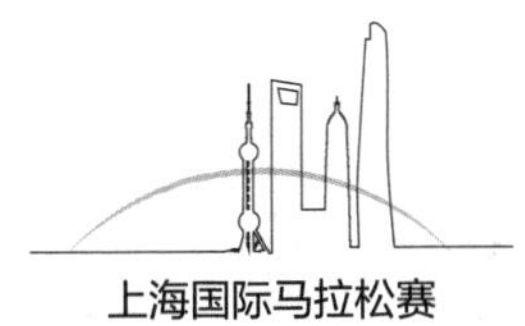

上海马拉松已经走过23个年头，上马不仅依托上海的宽广气度和历史积淀，成功地将自己打造成路跑赛事的知名品牌，每年吸引着6000余名选手参赛，而且借助自身的影响力及一如既往的双语服务，为上海兼收并蓄的城市气质锦上添花。

2012年上马境外参赛选手（摄影：郑旦军）

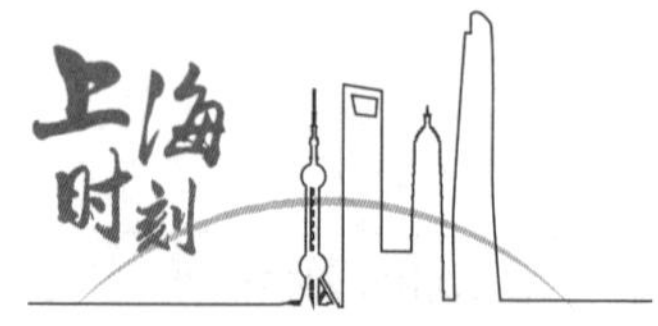

中国上海国际艺术节

43

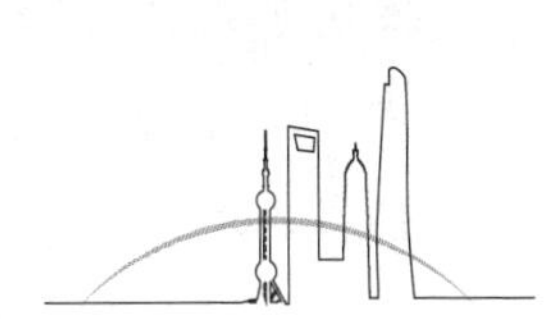

名称：中国上海国际艺术节

地点：上海大剧院

上海时刻：1999 年 11 月 2 日

随着我国改革开放政策的实施，人民群众对文化艺术的追求日益强烈，中外艺术交流也日益频繁。占地面积约 2.1 万平方米，建筑总面积 7 万平方米的上海大剧院于 1998 年正式开业迎宾。以上海大剧院为代表的一大批文化设施在上海拔地而起。有了艺术的展现场所，艺术的内容又如何展现呢？创建国际艺术节的想法应运而生。

首届中国上海国际艺术节

1999 年 11 月 2 日，上海的标志性文化建筑上海大剧院周围彩球升起，写着“弘扬中华民族艺术，推动中外文化交流”“欢迎你，来自五洲四海的艺术家”等欢迎语的条幅随处可见。首届中国上海国际艺术节在此隆重开幕，国家领导人和各界千余人参加了开幕式。开幕式上，上海歌舞团表演了大型服饰舞蹈《金舞银饰》，将中华民族艳丽多彩的历代服饰和婀娜多姿的历代舞蹈惟妙惟肖地结合在一起，演职人员 500 多名，演出服装 1200 多件，舞台道具 650 多件，规模宏大，演出效果令人震撼。

中国上海国际艺术节筹办之初，就将经典性、国际性作为自己的特色，但是刚刚起步的中国上海国际艺术节想要邀请到国外优秀的表演团体并不容易。

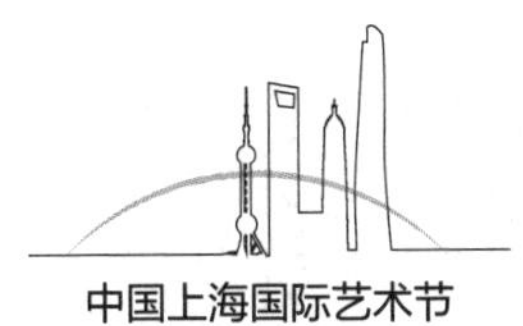

靠着海外华侨、留学生的层层关系，中国上海国际艺术节请到国外 11 个表演团体来参演。比如俄罗斯马林斯基芭蕾舞团、夏尔·迪图瓦执棒的法国国家交响乐团、日本宝冢歌舞剧团、加拿大蒙特利尔爵士芭蕾舞团等。同时，来自国内 11 个省市的优秀剧目精品荟萃，比如安徽省的黄梅戏《徽州女人》、四川省的音乐剧《未来组合》、浙江省的越剧《西厢记》等，出现一票难求的盛况。中国上海国际艺术节还举办了非洲艺术大展、九九亚洲音乐节、九九上海艺术博览会、国际大型演出交易会等丰富多彩的活动。

为期一个月的中国上海国际艺术节，为人民群众带来了视听的盛宴和艺术的熏陶，上海街头到处洋溢着艺术节的浓郁氛围。

艺术的盛会，人民大众的节日

中国上海国际艺术节自 1999 年至今，以“创新发展”为理念引领品牌发展之路，已经成为中国对外文化交流的重要窗口和国际艺坛具有影响力的著名艺术节之一。

2000 年，中国上海国际艺术节中心成立。中国上海国际艺术节的国际影响力与日俱增，英国皇家爱乐交响乐团等著名团体纷纷接受邀请，在中国的舞台上表演文艺精品。中国上海国际艺术节打开了文化交流的大门，国内的优秀剧目也借此走向了世界舞台。

中国上海国际艺术节始终坚持“艺术的盛会，人民大众的节日”这一宗旨，包括舞台演出、展览博览、“艺术天空”系列演出、艺术教育、“扶持青年艺术家计划”暨“青年艺术创想周”、论坛研讨、节中节等板块活动，凸显国际性、经典性、艺术性、创新性和观赏性。中国上海国际艺术节荟萃一流经典，力推原创新作，传播创意文化，正逐步成为展示优秀演艺作品、推进文化贸易、促进文化交流、孵化艺术人才和提升民众艺术素养的平台。

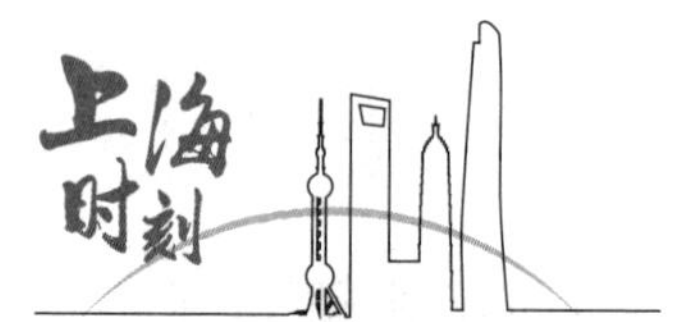

在地球仪旁思考浦东开发

44

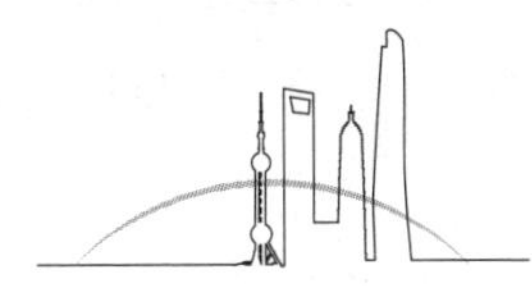

名称：浦东开发

地点：浦东新区浦东大道 141 号

上海时刻：1990 年 5 月 3 日

1990 年 5 月 3 日，上海市人民政府浦东开发办公室和上海市浦东开发规划研究设计院正式成立。

1992 年 10 月 11 日，国务院批复设立上海市浦东新区。

1993 年 1 月，浦东新区正式成立。

2009 年 5 月，国务院同意南汇区并入浦东新区。

浦东开发开放是党中央、国务院在我国改革开放和现代化建设关键时期作出的一项重大战略决策。1990 年 4 月 18 日，党中央、国务院同意上海加快浦东开发，成为上海划时代发展的新起点。

比特区还特

1990 年，在浦东开发刚开始启动时，党中央、国务院就给了浦东五大政策，同时还把开发区的十大政策和特区的九大政策全都给了上海。对此，时任上海市市长朱镕基有一个绝妙的解释：“新区新区，不叫特区，不特而特，特中有特，比特区还特。”时任浦东新区开发办副主任黄奇帆回忆说：“我们自己给新区一个定义，就是所有经济技术开发区的十大政策，浦东通通都有，都可操作；所有特区在 1990 年以前确定的九大政策，浦东都有；所有经济技术开发区

和特区都没有的五大政策，浦东也有。”

从浦东大道 141 号开始

在启动阶段，浦东采用开发办和管委会体制，非常精简高效。开发区管委会下属四大公司，相当于四大阵地、四大兵团在打仗，而作战的指挥部就是浦东开发办公室。当时，夏克强和胡炜同志一起找办公房，但找来找去都不满意，偶然发现一幢沿马路的两层小楼，觉得很好，一看门牌是浦东大道 141 号。大家觉得 141 号还是蛮有意义的，其谐音就是“一是一”，即实事求是的意思。搞浦东开发，就是要具有实事求是的精神。

在地球仪旁思考浦东开发

1992 年 12 月，赵启正同志任浦东新区管委会主任。他说，“要在地球仪旁思考浦东开发”，这句话当时在浦东新区管委会广为流传。这句话的意思就是要在世界经济全球化格局中思考浦东开发，思考上海定位。有一次，在会见基辛格时，赵启正说：“上海不仅要面向长江流域，面向全国，更要转过身去，面向太平洋，我们要吃太平洋的鲨鱼，才有足够的营养。”正是由于这样的大格局，浦东新区的功能规划和形态规划都要达到足够高的国际水平，不仅要吸收世界的资金和技术，还要吸收世界的智慧经济。

陆家嘴的模型

在地球仪旁的思考者们最先想到的是陆家嘴。关于陆家嘴的规划，日本、意大利、英国、美国、法国的设计公司分别做了五个方案，高楼都只有四五十层。浦东新区管委会努力思索，怎么对五个方案取长补短地进行组合。据黄奇帆回忆：当时大家考虑到陆家嘴在上海外滩对面，黄浦江在此转了一个弯，形成了易经八卦中的太极格局，与外滩金融中心一凸一凹、一高一低，可谓珠联璧合。仅仅搞一些四五十层的楼还不够，应该学芝加哥和纽约。纽约有三栋

100层的楼，芝加哥也有三栋，所以陆家嘴也可以放三栋。浦东新区管委会的同志当时拿了三根筷子，研究了三栋高楼的布局后，紧接着就做模型。模型做好后，上海市委常委会通过。上海市委常委会通过，报人大常委会通过，从而使这个规划有了法制保障。这三栋高楼就是现在的环球金融中心、金茂大厦和上海中心。

世界奥林匹克建筑大赛

在地球仪旁的思考者们邀请了来自世界各地的设计师，浦东的建筑群都是世界级大师们的杰作。直插云霄的东方明珠是上海设计师的作品，宝塔外形的金茂大厦是美国SOM公司的作品，鲲鹏展翅的浦东国际机场和花瓣舒展的东方艺术中心是法国著名设计师安德鲁的作品，日本人投资的环球金融中心是美国设计师的作品，螺旋波浪形状的上海科技馆是华裔美国设计师的作品，国际会展中心是德国设计师的作品。联合国前秘书长加利莅临浦东时由衷赞叹："你们正在进行一场世界奥林匹克建筑大赛。"

惜土如金

在赵启正的办公室里，挂了一幅书法作品，上书四个大字：惜土如金。据说，是赵启正请时任上海市书法家协会主席胡问遂写的。于是，投资者来到赵启正的办公室大都会问："你们的地价很贵吧？"赵启正总是回答："不仅地价贵，而且建设投资也得是'贵'的，要讲究投资的密度和效益，鼓励投资高科技的工厂和现代化的大楼。"在全国，浦东是最早按照"建筑面积"出让土地的地区之一。

陆家嘴的领头羊

在浦东整个招商引资和开发的过程中，金融要先行。如何把银行吸引到浦东，需要一头领头羊。浦东新区管委会邀请中国人民银行上海分行落户浦东。

浦东新区管委会主任赵启正、副主任胡炜商量，送什么礼物给人家，让人家永远忘不了。胡炜灵机一动说：“送活的羊呗，因为金融是领头羊。”大家找来一只小羊，晚上给羊洗好澡，用电吹风吹干，四只脚都穿上袜子，脖子上挂了一块铜牌：金融领头羊。第二天，事先并不知情的中国人民银行上海分行行长毛应梁掀开红布，一看是一只活羊，先是吓了一大跳，后来是大笑。有了央行领头，工商银行来了，恒生银行来了，汇丰银行来了……

陆家嘴（摄影：郑旦军）

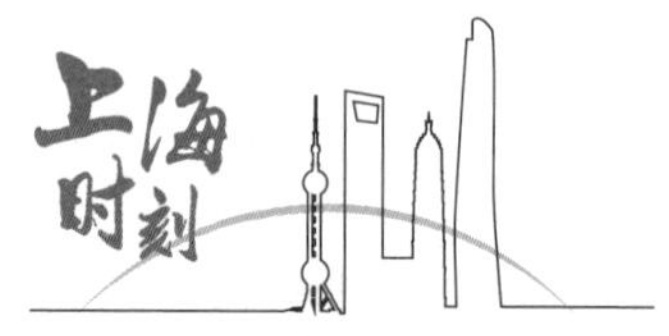

浦东需要社会学

浦东开发一手抓经济建设，一手抓社会建设。1995 年，费孝通来浦东考察，赵启正向他汇报：“上海市的城市规划过程至少用了 100 多年，需要几代社会学家以接力棒的方式才能完成。而浦东的城市化过程可能仅需半代人的时间就能完成，一代社会学家就能够有幸观察到全过程。”赵启正请求费孝通以社会学视角的学术力量支持浦东开发。费孝通被感动了，及时派出他的学生李友梅博士等人，研究浦东开发过程中的农民问题，对浦东开发作出了重要贡献。

世界经济走廊上的路灯

从 1990 年至今，浦东开发取得了令世界瞩目的巨大成绩。浦东开发的“三个先行”策略，即基础设施先行、金融贸易先行、高新技术产业化先行，是中国改革开放的重要经验。经过近 30 年的浦东开发，上海成为亚洲区域经济中心之一，成为世界经济中心之一，成为世界经济走廊上一盏璀璨的路灯。

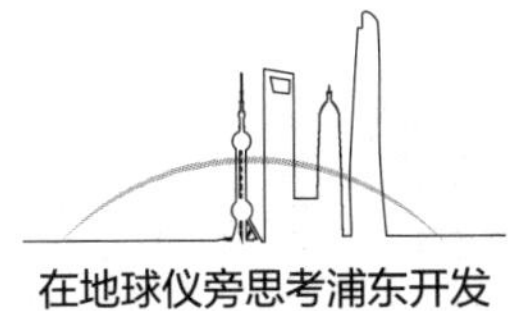

明珠璀璨耀东方

45

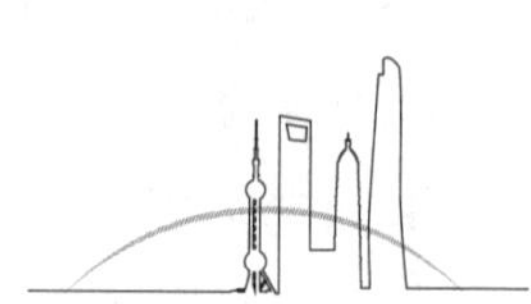

名称：东方明珠广播电视塔

地点：浦东新区世纪大道 1 号

上海时刻：1995 年 5 月 1 日

改革开放以后，时任上海电视台台长邹凡扬应邀赴日本、加拿大等国考察，对东京电视塔、多伦多电视塔赞叹不已。回国后，邹凡扬踌躇满志地说："我们也要造一个塔。"邹凡扬写信给上海市领导，得到了上海市人民政府与国家相关部门的批准。

高塔建在何处

在选址上，邹凡扬建议在浦东。经过勘测，专家们认为小陆家嘴地区最适合。高塔要正对着浦西的南京路，位于建筑设计的中轴线上。上海市人民政府给了上海港务局 5000 万土地费与动迁费，最终让东方明珠广播电视塔（以下简称"东方明珠"）坐落在现在的黄金位置上。

大珠小珠落玉盘

共有"白玉兰""飞向未来""东方明珠"等 12 个设计方案参加竞标。群众投标，其中"东方明珠"方案呼声最高。建筑界泰斗吴良镛也大为赞赏："大珠小珠落玉盘。"最终在上海市人民代表大会常务委员会上，领导们一锤定音：我们就选它了！

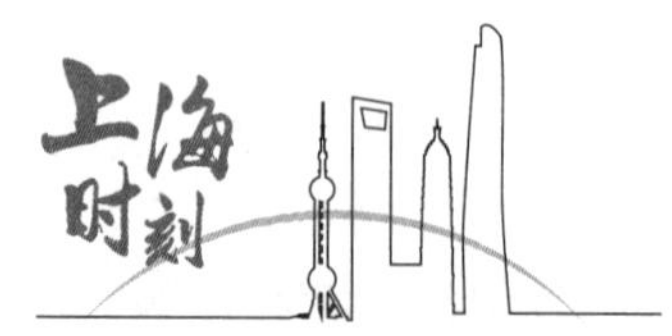

一天一米向上攀

1991 年 7 月 30 日，东方明珠开始动工。建设者立下军令状：三年建成明珠塔。建设者面临的十大难题，个个都是建筑史上的奇观。怎样把高标号混凝土一次泵到 350 米？怎样把三个千吨重的巨球分别悬挂在 112 米、295 米和 350 米的高空？怎样把 128 米长的天线一次顶升到 468 米的高空？领导高度重视，大家众志成城，难题一道道地被解决了，东方明珠最快以一天一米的速度向上攀升。

服务也是一种景观

1995 年 5 月 1 日，东方明珠正式启用。内有太空舱、旋转餐厅、上海城市历史发展陈列馆等景观和设施，是国家首批 5A 级旅游景区。东方明珠的经营者提出："服务也是一种景观。"其中，电梯讲解服务最能体现东方明珠的服务特色。讲解员在电梯运行的 48 秒内完成中英双语讲解，要像秒表一样精确。即使被游客插话，讲解员也要做到"词尽门开"。如今，东方明珠年均游客人数、盈利水平在世界高塔中名列前茅。

闪耀世界的明珠

东方明珠是浦东开发开放后的第一个重点工程，建成后接待数百位外国首脑，经常举办世界级重要会议和大型活动，成为上海对外宣传的重要窗口。东方明珠广播电视塔与多伦多电视塔结为"21 世纪友好塔"，与法国埃菲尔铁塔举行友好跨年活动，成了世界著名的东方明珠广播电视塔。

东方明珠（摄影：郑旦军）

世纪公园为人民

46

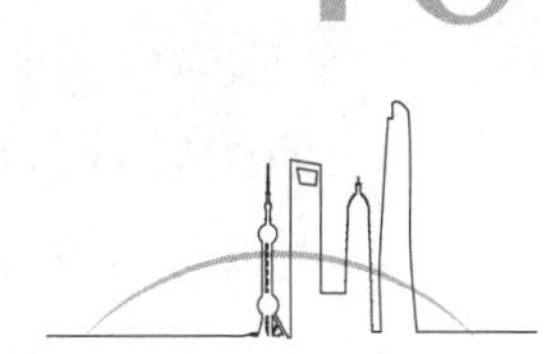

名称：世纪公园

地点：浦东新区锦绣路 1001 号

上海时刻：2000 年

世纪公园原名浦东中央公园，2000 年更名为世纪公园。公园占地 2000 余亩，以东西方园林结合为特色，以大森林、大草坪、大湖泊为主体，是上海最受市民喜爱的城市公园之一，是浦东乃至上海的城市地标。

中西合璧三个“大”

1995 年，时任上海市副市长赵启正听取了公园建设者的汇报，提出两点要求：一是“中西方文化的结合”，体现上海海纳百川的城市精神；二是“人与自然和谐相处”，成为真正为公众服务的公园。从这个理念出发，建设者们考察了欧洲、美国和日本的公园，提出了建设公园的三个“大”：大草坪、大森林、大湖泊。

英国设计师的比较研究

1996 年，来自美国、日本、德国、法国、英国、中国的六家设计事务所进行了激烈的角逐，最终英国土地利用咨询公司的方案成功胜出。英国设计师骑着自行车，逛遍上海大大小小的公园，对中国公园与外国公园进行了“比较研究”：在中国公园里，人们主要是跳舞、喝茶、打太极；而在外国公园里，人们主要是

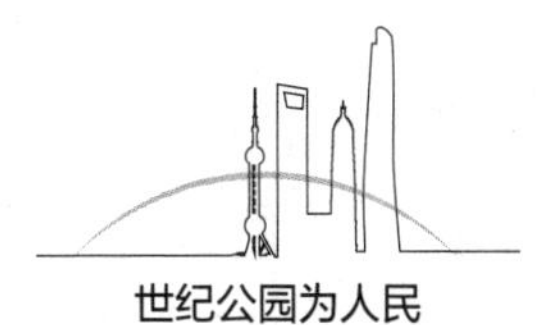

遛狗、集会、晒太阳。英国设计师把中国传统园林与西方大草坪相结合，对上海市民的需求进行针对性设计，希望建造一座真正为上海人民服务的公园。

公园最爱东南风

英国设计师认真研究了上海的气象资料，包括每个月的温度、降水量等，提出了一个大胆的设想：夏天要把东南风引进来，冬天要把西北风挡住。为了引来东南风，位于东南方向的五号门是敞开式的。为了挡住西北风，建设者运进 200 万方渣土，堆出了北山、西山和南山，以西北方向最高。如此，世纪公园形成了一个中间低、四面高的盆地地形，为动植物的生长提供了适宜的环境。

大草坪与大森林

世纪公园里有多处大草坪。天气好时，许多人会呼朋唤友，在草坪上奔跑嬉戏。世纪公园里还有中式田园区，大片油菜花盛开的季节，到处充满中式田园的野趣。世纪公园借鉴欧洲园林的造林理念，选择互相适宜的树种搭配，植物种类相对简单却稳定共生。尽可能地采用本地树种，尽可能地多种小树、少种大树。正是依据让小树自然生长成健康的大树的理念，世纪公园里有了大片郁郁葱葱的水杉林、黑松林等，与旁边的大草坪相映成趣。

镜天湖上喜鹊飞

在公园的中心，建设者精心打造了供游客游玩的镜天湖。为了让湖水具有自净能力，设计师建议水深要达到 10 米，但由于地铁规划的原因只能挖到 5 米。最赞的设计是湖心四面环水的鸟岛，不受人类打扰，鸟类自由栖息。2002 年，公园管理者引进了灰喜鹊落户鸟岛，成为第一批常住的“岛民”。后来，越来越多的鸟类来此定居，公园里到处都是鸟语花香。

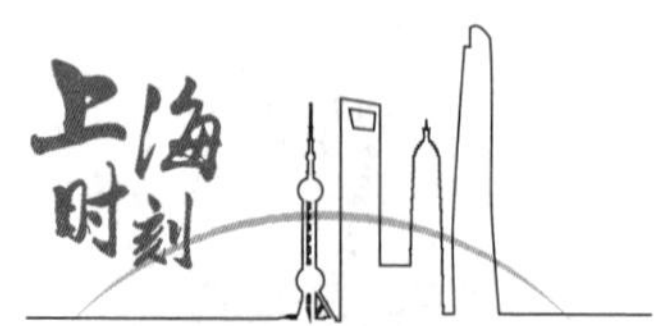

世纪公园活动忙

世纪公园建成后，举办了多次大型活动，比如烟花节、梅花展、音乐节等，深受市民欢迎。平日里，园内有游乐园、休闲自行车、观光车等游乐项目，吸引了大量青年人前来游玩。公园里按照国际标准建造的真草草坪，是上海最好的足球场之一，吸引了许多国内外的专业球队来此训练。公园之所以为“公园”，是为人民服务的，不是为少数特权阶级设计的。世纪公园做到了。如今，世纪公园历久弥新，正值“青年”。在高度密集的建筑群中，这块城市绿洲越来越显示出它的珍贵价值。

世纪公园（摄影：郑旦军）

上海滩上第一楼

47

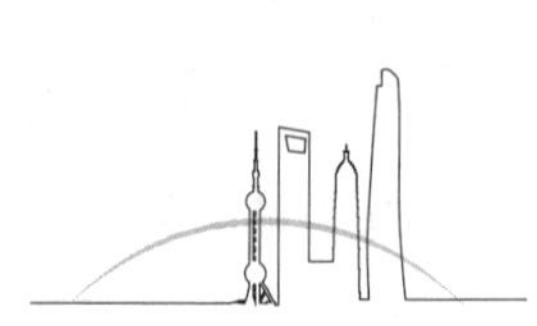

名称：金茂大厦

地点：浦东新区世纪大道 88 号

上海时刻：1999 年 8 月 28 日

1992 年，中华人民共和国对外经济贸易部提出一个宏伟的设想：在上海建一座 88 层的摩天大楼，作为中国改革开放的窗口。上海市人民政府表示：热烈欢迎并提供一切支持。

泥滩上的摩天大楼

从地质条件看，上海是软土地基。在“上海滩”上能建摩天大楼吗？在此之前，上海没有建设超高层、世界级摩天大楼的经验。行还是不行？上海召开了专家咨询会，专家们积极建言献策。李国豪指出：“技术上是可行的，桩打得深一点就可以。新建的摩天大楼，要能承受 12 级台风和 7 级地震，大楼的高宽比不能大于七。”专家咨询会后，摩天大楼梦想正式起航。

中国最高最美的宝塔

1993 年 2 月，金茂大厦面向全球征集设计方案。美国 SOM 公司的方案在十几种方案中脱颖而出，取得了压倒性的胜利。这个设计方案巧妙地将世界上最新建筑潮流与中国传统建筑风格结合起来。设计师研究过中国 2000 多座宝塔，并把中国宝塔的意象融入金茂大厦的设计中。但设计师并不照搬，而是大

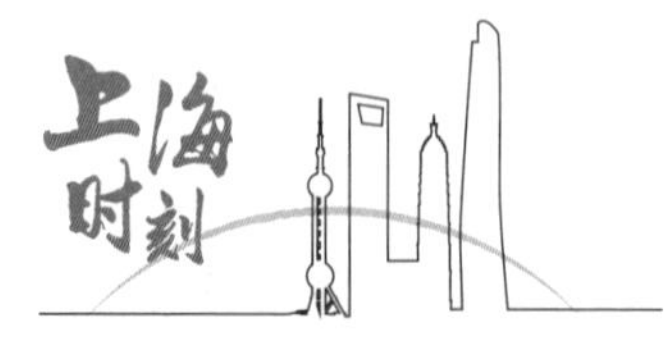

胆使用现代化的玻璃幕墙等建筑材料。金茂大厦的平面构图是双轴对称的正方形，立面构图是13个内分塔节。金茂大厦上小下大，从下而上逐节收窄，被誉为人工建造的最高最美的宝塔。1998年，金茂大厦的设计获得了伊利诺斯世界建筑结构大奖。

巍峨神奇金茂色

关于金茂大厦的颜色，恐怕没有人能说清楚，就连专业的摄影师也不敢说见过它所有的色彩。金茂大厦的外墙由大块的玻璃幕墙组成，反射出似银非银、深浅不一、变化无穷的色彩。玻璃分为两层，中间有低温传导器，外面的气温不会影响到内部。正是由于这种神奇的玻璃，使它随昼夜更替、阴晴变化、远近高低等条件的改变而变换色彩，或金或银，或蓝或灰，或隐或现。正是由于这种质感，使它浓妆淡抹总相宜，拥有东方美人般的迷人魅力。

最坚固的建筑

为了让金茂大厦在地震和强风面前屹立不倒，美国SOM公司为其设计了80米深的地基。为了让地基和大厦底部的混凝土融为一体，建造者采取一次性浇筑。为此，陆家嘴地区决定实行44个小时的交通管制，只给浇灌车“开绿灯”。为了抵御地震和外力冲击，金茂大厦采用高标号混凝土圆柱，局部厚度达1米左右。玻璃幕墙的每块墙板重达半吨，防爆达到军工级别。楼梯间的宽度足够危急时救援和逃生，并安装了可抵御生化武器攻击的空气净化器。

多国公司搞建设

既要集合全球智慧建大厦，又要节约工程开支。金茂大厦由上海建工集团总包，多家公司分包，形成了多国公司共同建设的宏大场面。其中，上海建工集团、中国建筑集团等三家公司负责打桩，钢结构由日本公司承包，玻璃幕

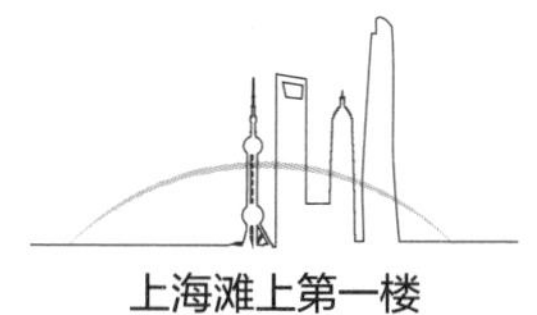

墙由德国公司承包，电梯由三菱电机承包，强电由法国公司承包，弱电智能系统由新加坡公司承包，消防工程由瑞士公司承包。当时，上海建工集团克服重重困难，在历练中成长，实现了一次自我超越。

垂直的金融街

大批外资银行、合资保险公司、合资基金公司入驻金茂大厦，金茂大厦成为名副其实的"垂直的金融街""世界的办公室"。这座承载了上海梦想的超高层建筑，落成时就以 420 米的高度排名世界第三，成为当之无愧的时代地标。央视评价金茂大厦为"中国建筑通向新世纪的通天宝塔"。

金茂大厦（摄影：郑旦军）

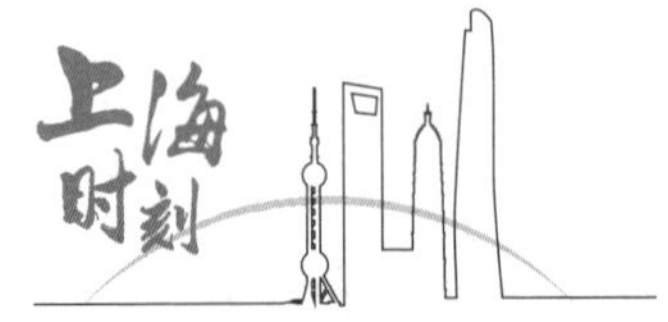

梦想从浦东机场起飞

48

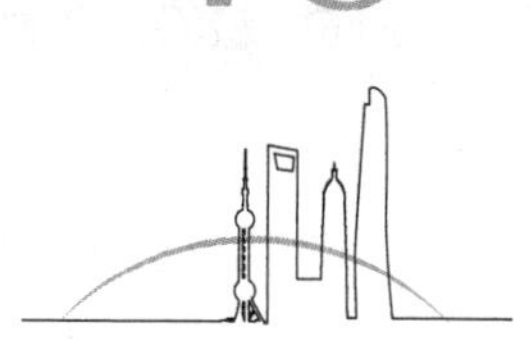

名称：浦东国际机场

地点：浦东新区迎宾大道 6000 号

上海时刻：1997 年 10 月

1994 年 7 月，上海市委、市政府提出了“完善虹桥，加快浦东”的上海航空港建设方针，决定扩建虹桥国际机场的同时，抓紧建设浦东国际机场。1995 年 5 月 5 日，浦东国际机场建设指挥部（以下简称“指挥部”）成立，浦东国际机场建设的大幕正式拉开。

“鲲鹏展翅”向世界

1996 年，指挥部邀请国内外专家，经过十天慎重、公正的评审，确定法国设计师安德鲁的“鲲鹏展翅”方案中标。“鲲鹏展翅”方案体现了人与自然、环境与建筑和谐统一、持续发展的理念，像一只巨鸟飞向蓝天、飞向世界、飞向未来，充满了时尚感与现代气息。

定位“两个超越”

1997 年 10 月，浦东国际机场举行全面开工仪式。党和国家高度重视，时任中共中央总书记、国家主席江泽民挥锹奠基。这样高的规格，与浦东国际机场的定位密不可分。在《上海航空发展战略》中，对浦东国际机场定位为“两个超越”：超越航空，超越上海。所谓超越航空，是指它不仅仅是上海社会经济

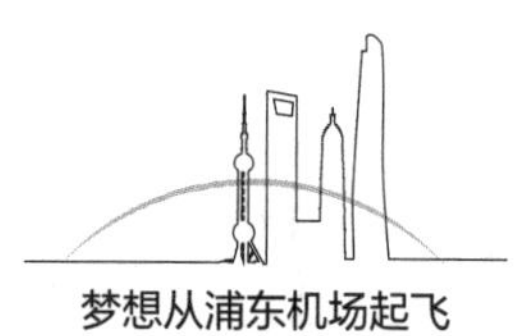

发展的航空枢纽，更是一个国家战略，要站在国家战略的层面去规划。所谓超越上海，是指要努力完善国际、国内航线网络，成为中国通往世界的一个重要门户，最终成为世界航空网络中的一个重要节点。

“动迁”候鸟

浦东国际机场选址在长江边与东海之滨，避开了居民密集地带，节约了大量的耕地，但也面临一个新难题：“动迁”候鸟。浦东国际机场东侧是一片 300 米宽的滩涂，迁徙候鸟 160 种，其中包括许多国家保护的珍稀鸟类。经过鸟类、河口生态专家的深入研究，整个“动迁”工程必须“驱鸟”“引鸟”两手抓。指挥部一方面在机场外侧整治滩涂，填平鱼塘，铲除芦苇荡，让鸟类无食可觅，无处藏身；一方面在九段沙种草积淤，打造湿地鸟乐园，让候鸟快乐搬家。这是人与自然的一次完美互动。

无立柱大厅

航站区和飞行区是两个关键工程。安德鲁设计的航站楼是钢结构系统，用钢量 3 万多吨，相当于当时的南浦大桥、徐浦大桥、杨浦大桥的总用钢量。钢架上要安装上矩形钢管：长 60 厘米、宽 40 厘米、高 2.2 厘米。这些都对施工提出了巨大挑战。指挥部在江南造船厂做了一个 1∶1 的大跨度钢架模型，收集了几十万个数据，最终攻克了安德鲁设计方案中没能解决的难题。竣工时，安德鲁仰望着没有一根立柱的楼顶，惊叹不已。

钢屋面板与玻璃幕墙

根据上海市人民政府的要求，尽量采用国内材料施工，但很多材料国内没有，或者达不到设计要求。指挥部请宝山钢铁（集团）公司负责研制钢屋面板。经过实验，宝山钢铁（集团）公司成功轧出 100 多米的面板，且完全符合强度和柔度的要求。在屋面的安装上，为了避免锈蚀，施工人员在板与板之间

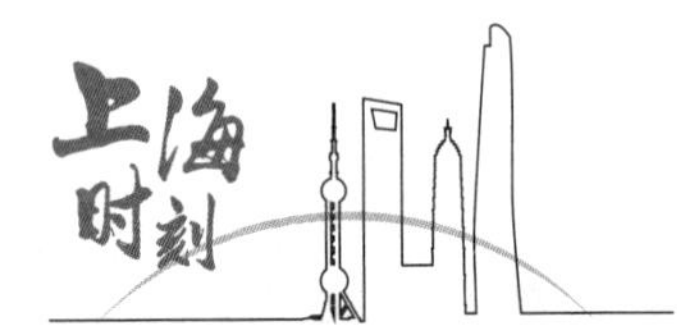

完全采用暗扣连接，不用一根螺丝钉。9 万平方米的玻璃幕墙，为了实现“白透”的设计效果，耀华玻璃厂先后做了七次样板，终于得到了设计师的认可。

软地基上的跑道

浦东国际机场要在冲积平原和围海造田的软地基上建跑道，挑战也不小。为此，指挥部组织了大量科研人员，做了大量的实验，终于解决了机场跑道地基沉降的问题。由于热胀冷缩，混凝土板块与板块之间会挤出一些碎块，飞机发动机吸入会影响飞行安全。这一世界性的难题，日本人靠天热时浇水解决。指挥部请宝山钢铁（集团）公司研制了一个专门的机械工具，完美解决了混凝土板块掉边掉角的问题。施工验收时，机场跑道的平整度达到 99%，摩擦系数达到 0.6 以上，远远优于国际标准，后来被评为国家市政金奖示范奖。

梦想从这里起飞

浦东国际机场的建设是一个庞大的系统工程，集中了多国设计师的智慧和努力，是中西智力合作的结晶。工程师们做了多种创新性的试验，取得了许多重要的研究成果。浦东国际机场建成后，无数中国人从这里起飞，载着梦想，飞向世界。

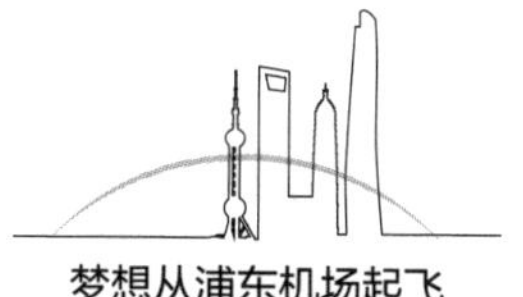

从百年老港走向全球第一大港
——上海港

49

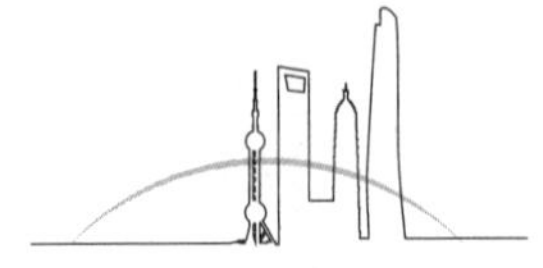

名称：上海港

地点：中国大陆海岸线中部、长江入海口处

上海时刻：2010 年

上海港位于我国大陆海岸线中部、长江与东海交汇处，前通中国南北沿海和世界大洋，后贯长江流域、江浙皖内河和太湖流域，是上海的港口，是全球第一大港。

上海港的百年沉浮

隋唐时期，上海地区逐渐有了华亭镇港和青龙镇港。1264—1265 年，上海正式建镇，同时设置了市舶提举分司，上海镇取代青龙镇成为对外贸易的新港口。1403—1404 年，大黄浦整治后形成了一条新航道——黄浦江，上海港从此有了长期发展的稳固航道条件。1522 年，李充嗣带领民工自夏驾浦引吴淞江水从宋家浜至陆家嘴与黄浦江合流。至此，黄浦江水系定型。

1655 年，清政府颁布禁海令，严禁商民下海贸易，港口航运贸易受到严重的影响。1684 年，海禁解除，港口航运贸易恢复正常。1717 年，清政府为遏制西方商船北上贸易，禁止在上海口岸从事南洋贸易，但允许东洋贸易照常进行。1757 年，清政府宣布封闭江苏、浙江、福建三处海关（只禁外轮），仅留广

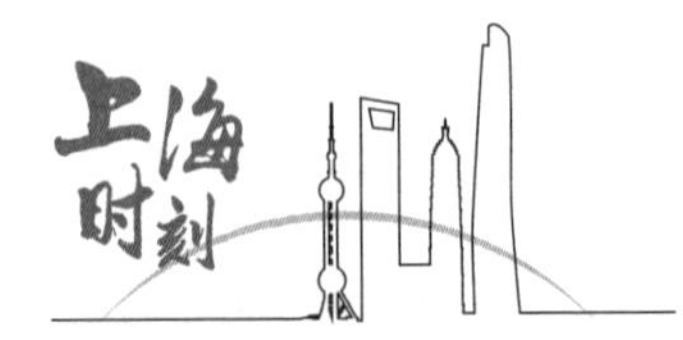

州对外通商贸易，上海港的航运贸易有所收缩。

鸦片战争后，上海成为五个通商口岸之一。1843 年 11 月 17 日，上海正式开埠。从此，上海港受到外国侵略者的控制，被卷入资本主义商品经济的浪潮之中。一大批由外商新建的轮船码头、仓库、造船厂等在黄浦江两岸逐渐出现了。1870 年，上海成立了第一家专业码头公司。1908 年，上海建成了第一座万吨级钢筋混凝土码头。1906—1911 年，上海成功地整治了黄浦江航道。至抗日战争爆发前，上海港已经是远东国际航运中心。1936 年，全国 500 总吨以上的本国资本轮船企业共 99 家，轮船 404 艘，其中总部设在上海的有 58 家，轮船 252 艘。以上海港为起始港或中继港的航线总计 100 多条。

抗日战争期间，上海港遭到了战争的巨大破坏，特别是在太平洋战争爆发后，上海港沦为日军控制的殖民地港口。抗战胜利后，上海港的客货运输业务在艰难中发展壮大。

揭开历史的新篇章

中华人民共和国成立后，上海港的主权回到人民手中。虽然当时的上海港与世界港口还有很大的差距，但是在一穷二白的条件下仍然取得了前所未有的成就。1957 年，港口货物吞吐量达到 1649.4 万吨，超过 1949 年前的最高纪录。1973 年，周恩来总理发出“三年改变港口落后面貌”的号召，上海港和全国其他港口一样进入了“三年大建港”时期，掀起以建设外贸件杂货码头和对煤炭泊位进行机械化改造为主要内容的建设高潮。1976 年，上海港完成港口货物吞吐量 5461.3 万吨。

改革开放以后，上海港进入了快速发展期。加上 20 世纪 90 年代浦东开发开放，上海的港口掀起以建设集装箱码头和老港区改造、外移为重点的高潮。20 世纪 80 年代，上海港新建关港作业区和宝山作业区。20 世纪 90 年代，上海港新建罗泾、外高桥一期、外高桥二期等新港区。

1996 年 1 月，上海国际航运中心建设正式启动。2002 年 6 月，洋山深水

港区开工建设，上海港开始从河口港向真正的海港跨越。与此同时，货物吞吐量和集装箱吞吐量快速增长，2004 年分别完成 3.79 亿吨货物吞吐量和 1455 万标准箱集装箱吞吐量，分列世界港口第二位和第三位。港口经营业务主要包括装卸、仓储、物流、船舶拖带、引航、外轮代理、外轮理货、海铁联运、中转服务以及水路客运服务等。

成为全球第一大港

截至 2005 年，上海港水域面积 3620.2 平方千米。其中长江口水域面积 3580 平方千米，黄浦江水域面积 33 平方千米，港区陆域面积 7.2 平方千米。上海港水域由长江口和杭州湾水域、黄浦江水域、洋山港区水域、长江口锚地水域以及绿华山锚地水域组成。上海港港区陆域由长江口南岸港区、杭州湾北岸港区、黄浦江港区、洋山深水港区组成。据上海市港口管理局统计，上海港 2005 年的货物吞吐量达 4.43 亿吨，首次超过新加坡港。从集装箱吞吐量来说，上海港 2010 年首次超越新加坡港，成为世界第一。至此，上海港创下世界货物吞吐量最大港口的世界纪录，成为全球第一大港。

上海港已经与全球 214 个国家和地区的 500 多个港口建立了集装箱货物贸易往来，拥有国际航线 80 多条。联合国贸易和发展会议发布《2019 年世界最佳连接港口排名》，上海港排名第一。

上海港历史悠久，经历了百年沉浮，在新的历史时期焕发出无限的生机，正为中国和世界经济发展、文化交流注入源源不断的动力。

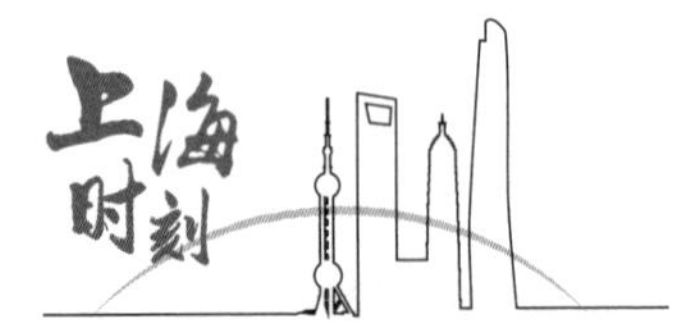

用速度说话
——上海超算中心

50

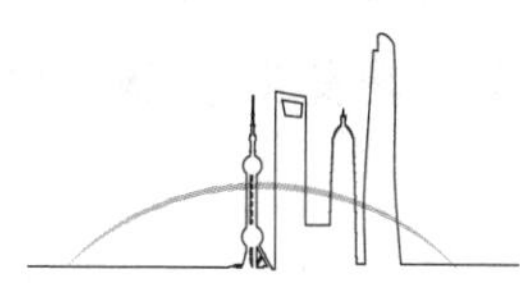

名称：上海超级计算中心

地点：张江高科技园区

上海时刻：2000 年 5 月 28 日

20 世纪末 21 世纪初，以计算机为代表的信息科技日新月异，对国家安全、经济和社会发展产生了重要影响。世界各国都把高性能计算作为国家级的重要战略资源。正是在这一背景下，上海超级计算中心（以下简称“上海超算中心”）成立了。

缘起天气预报

20 世纪 90 年代，上海市气象局向上海市人民政府申请采购超级计算机。上海人民市政府调研后发现：气象局每天使用机器的时间固定在几个小时。如果一台大型机器每天只用几个小时，对超级计算机来说是极大的资源浪费。上海市人民政府认为，应该把超级计算机作为一个公共设备，为更多的用户提供服务，资源共享，实现效益最大化。于是，上海超算中心的建设正式立项。

2000 年的一号工程

2000 年 5 月 28 日，上海超算中心的开工典礼在张江高科技园区举行。它

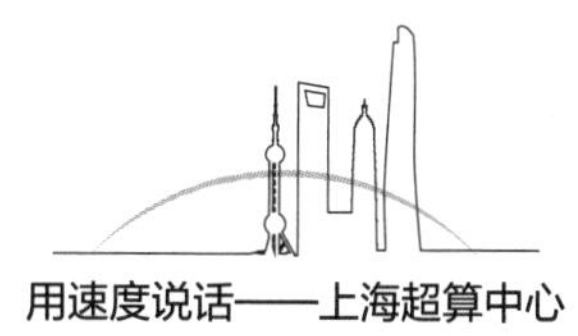

是上海市2000年的一号工程，也是上海市信息港主体工程之一。上海超算中心的定位是一个领先时代的科技产物，因此选址在浦东张江高科技园区。当时，张江高科技园区是上海贯彻落实创新型国家战略的基地，其自主创新、蓬勃发展的产业园区成为上海超算中心成长的摇篮。

摘下“高性能王冠上的明珠”

2002年12月15日，上海超算中心和曙光公司在北京签约，宣布曙光4000A落户上海超算中心，负责提供海量信息服务和数据交互等一系列工作。该计算机群实际占地空间相当于1/4个足球场，是当时国内网格最大的主节点机。中国人的超算第一次摘下“高性能王冠上的明珠”，运算速度达到每秒10万亿次，在全球商品化高性能计算机中名列前茅。

应用才是“硬道理”

上海超算中心不是只用速度说话。在成立伊始，上海超算中心就坚持计算能力与应用能力同步发展。它为各行各业提供海量信息处理和高速计算服务，涉及领域包括气象预报、地质勘探、生物医药、基因研究、飞机制造、汽车设计、新材料研究等。有人说，软件是科学研究使用的“稿纸”，不同的科学领域需要不同的“稿纸”。因此，上海超算中心每天都要面对不同领域的难题，不断拓展应用超算的领域。

从“没人用”到“不够用”

上海超算中心如此先进，但在开始时却“没人用”。时任上海超算中心主任奚自立每周要跑三至五家用户，推荐他们来上海超算中心做研究。为了让上海超算中心“吃得饱”，并培养客户的应用意识，奚自立还免费让用户试用。2003年以后，情况发生转变，国家在汽车、飞机与核工业三大领域持续发力，

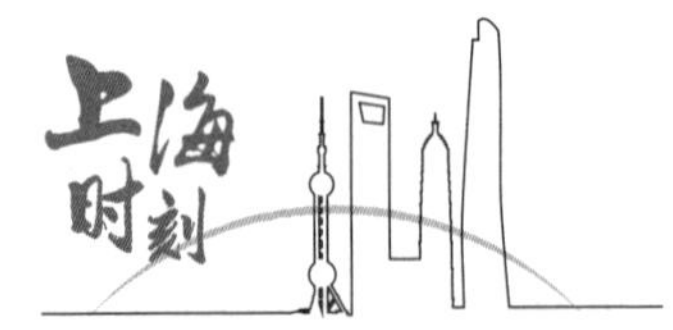

自主创新的热情高涨，计算应用需求飞涨，上海超算中心提供的服务开始变得供不应求。2004 年，上海超算中心的用户有了空前的发展。

努力“开放自我”

上海超算中心建成后，在计算速度上飞速发展，但在应用水平上与世界强国还存在差距。国外同行对我们采取技术封锁，设置重重障碍。上海超算中心努力和世界一流的超算中心交朋友，主动请它们的负责人前来参观交流，相互借鉴。这种主动开放的态度让国外更多的同行和企业认识到上海超算中心的公共服务属性和先进作用，国际交流的大门也因此打开了。在与国外同行对话的过程中，上海超算中心不断发展，不断超越。随着大数据时代的来临，上海进入“创新驱动发展，经济转型升级”的新时代，上海超算中心大力拓展大数据和云计算服务应用领域，向新的高度不断前进。

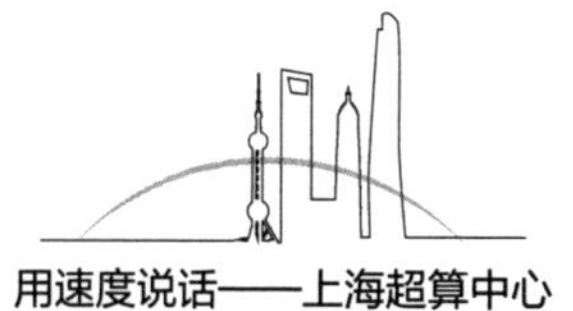

你来我保，生活越过越好

51

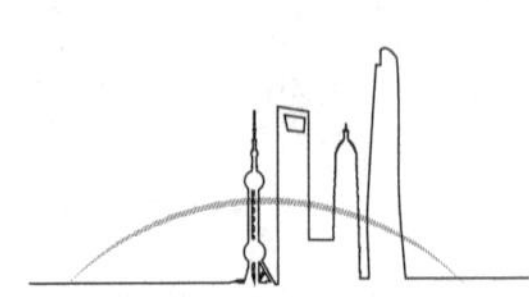

名称：上海市外来从业人员综合保险

对象：外来从业人员

上海时刻：2002 年 9 月

改革开放以后，上海经济飞速发展，成为我国农村富余劳动力跨省流动就业的主要输入地之一。截至 2002 年，以农民工为主体的外来从业人员达 400 多万人。他们在为上海奉献劳动和智慧的同时，也深受城乡二元结构的困扰，长期被排斥在社会保障制度的大门之外。流动人口的权益受损，应有的基本社会保障严重缺乏，因此产生了大量劳动纠纷，对城市发展、社会稳定和经济发展造成了不良影响。如何解决他们的社会保障问题，成为上海市完善社会保障体系的一个亟待解决的重要课题。

综合保险，首开先例

上海市委、市政府对此高度重视，于 2002 年 9 月推出一项名为上海市外来从业人员综合保险（以下简称“综保”）的社会保障制度，以此保障外来从业人员的合法权益，规范用人单位用工行为，维护上海劳动力市场秩序。其内容可以用“3+1”简单概括，即用人单位为外来从业人员缴纳综合保险费后，外来从业人员可享受工伤保险、住院医疗、老年补贴三大保障，费用全部由用人单位承担，外来从业人员不用付一分钱。它是上海在全国没有先例的情况下，专门为外来从业人员量身定制的社会保障制度。

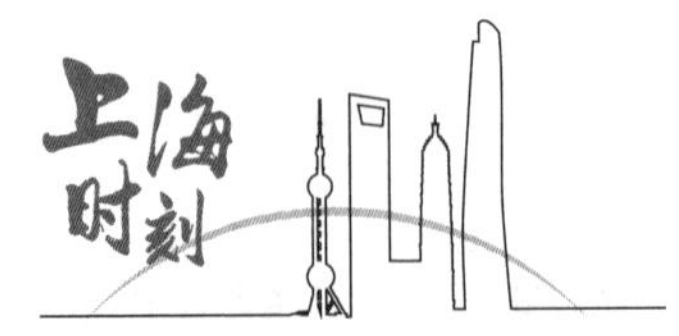

惠点及面，便民优先

为进一步扩大参保人员的受益面，2005 年，上海又推出“日常医药费补贴”项目，免费为参保人员提供一张“综合保险卡”，每月向卡里充值 20 元，参保人员可持卡到全市 400 多家药房购药。然而，对参保人员的优惠并不止这些，凭借“综合保险卡”，参保人员还可以到上海建工医院、长宁区中心医院等医院体检，这些医院从参保人员的实际情况出发，专门推出了 20 元、40 元、80 元等不同档次费用低廉、项目普及的体检套餐。上海建工医院还在流动车上专门安装了可使用“综合保险卡”的移动 POS 机，为参保人员提供更加便利的服务。

一举多得，成效显著

上海“综保”政策的出台，具有一定的积极作用。一是适度保障了外来从业人员的权益，兼顾公平与效率。一方面流动人员参与上海的经济建设，对促进上海经济增长作出了重要贡献；另一方面转移了大量农村剩余劳动力，对当地农村经济的发展作出了重要贡献。二是增加了用人单位的抗风险能力。雇佣外来从业人员的企业，大多都是有苦、脏、累、险岗位的企业，员工发生意外疾病或工伤的概率比较高，一旦发生重大工伤或其他事故，企业难以有效地承担责任。为此，上海考虑建立外来从业人员社会保险制度，分散用人单位的风险，帮助用人单位克服突发困难，创造良好的用工环境。三是适应外来从业人员的需要和特点。基于外来从业人员的特征，例如数量庞大、规模持续增加、流入地比较集中等，如果将保险成本提得太高，一方面流动人员自身参保的积极性大大降低，另一方面企业还会因此拒绝雇佣外来从业人员，减少外来从业人员的工作机会。

“综保”有效地保障了外来从业人员的利益，到 2008 年已有 3 万人获工伤保险待遇，2 万人获大病医保，200 多万人领取了累计一年以上的养老补贴凭证，从而为外来从业人员撑起了一顶坚实的“保护伞”。

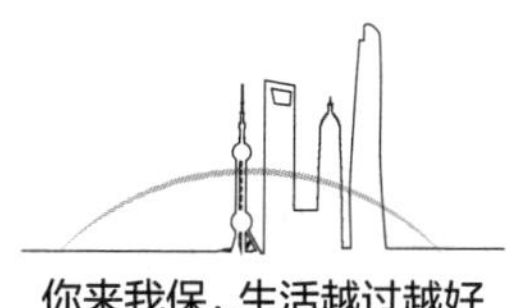

上海“生命水源工程”

52

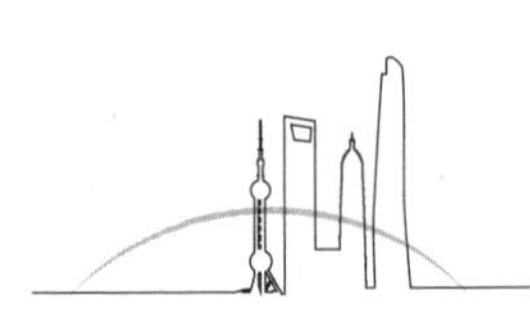

名称：上海“生命水源工程”

地点：青草沙水库

上海时刻：2011 年 6 月

寻水青草沙

上海不缺水，但缺好水，是典型的水质型缺水城市。最早，上海市民主要是在黄浦江、苏州河取水，以明矾澄清。后来，随着黄浦江中、下游水质恶化，取水点开始上移。20 世纪 80 年代，黄浦江上游水源地逐步成为上海城市供水的主要水源地。但随着黄浦江水源地污染情况加剧，寻找新水源地的需求呼之欲出。1990 年初，科研人员开启了寻找新水源地之旅，他们将目光锁定在大江大河中。

经过十多年的实测观察和基础性研究，不同学科的众多专家认为青草沙水源地具有淡水资源充沛、水质优良稳定、可供水量巨大、水源易于保护、抗风险能力强等显著特点，是上海市及长江口地区不可多得的优质地表水，是理想的水源地。2006 年，在中国工程院的倡议下，上海市人民政府决定将青草沙建设成上海的水源地。在上海历届市委、市政府的高度重视下，青草沙水源地建设被正式列入上海市“十一五”规划中。

长江入海口上的一颗水上明珠

青草沙原名固定沙，是中国长江河口的一个冲积沙洲，位于长江口长兴岛

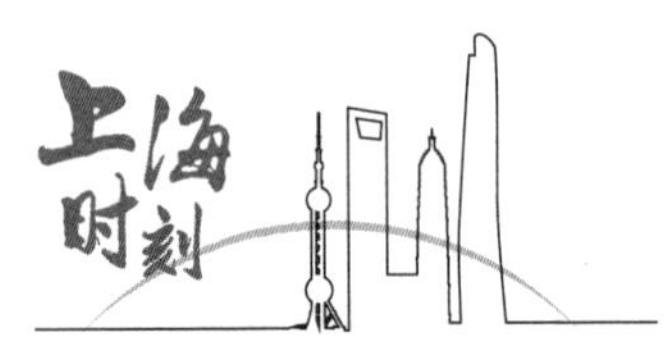

北侧江心，总面积约 70 平方千米，归上海市崇明区管辖。青草沙水源地的特殊地理位置，使得其不受陆域排污的干扰，水量丰富，水质优良。青草沙的水源达到二级国家标准，符合国家城镇集中式饮用水水源地水质要求，是上海市难得的优质水源地和城市供水的战略储备。

上海“生命水源工程”

青草沙水源地原水工程是全球最大的河口江心“避咸蓄淡”原水水库，也被称为上海“生命水源工程”。青草沙水库由青草沙库区、中央沙库区、蓄泥区、上下游引排水泵闸、输水泵闸、水质实验区和生产管理区等工程组成。库区堤线总长约 48 千米，水域积约 66 平方千米（相当于 10 个杭州西湖）。饮用水水源一级保护区总面积约 79 平方千米。青草沙水源地原水工程在长兴岛挽留了行将入海的长江清泓，让上海 1000 多万市民用上了更加安全、健康的水源。

青草沙水源地原水工程在实施过程中克服了一项项技术难关，培养和锻炼了一批又一批技术骨干，取得了丰硕的科技成果。该项目先后斩获上海市科技进步奖、大禹科技进步奖、全国工程建设项目优秀设计成果奖、全国优秀工程造价成果奖、上海市优秀工程设计奖、中国优质工程奖、中国水利工程优质奖以及中国土木工程詹天佑奖（工程领域的“奥斯卡奖”）等多个奖项。

改写主要依靠黄浦江水源的历史

青草沙水源地原水工程的建成和投入，改写了上海饮用水主要依靠黄浦江水源的历史。2011 年 6 月，青草沙水源地全面投入运行。上海市供水格局由原来的 80% 取自黄浦江、20% 取自长江变为两江取水各占 50%。如今，上海超过七成的饮用水都来自长江。目前，上海已建成青草沙、黄浦江上游、陈行及东风西沙四大饮用水水源地。四大饮用水水源地的建设完工，宣告“水库集中取水，河道分散取水”的时代一去不复返。

大城市的供水安全是影响城市稳定的重要因素，目前我国许多城市都面临

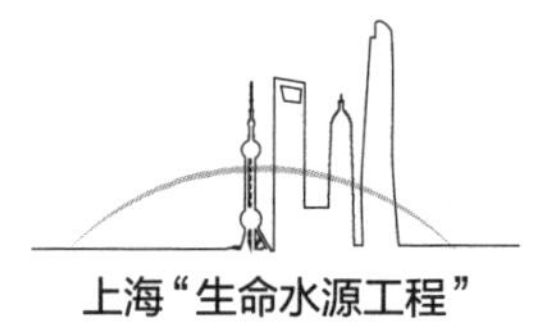

着水质型缺水这一重大民生问题，青草沙水源地原水工程的实施为我国其他地区解决水资源短缺问题提供了可资借鉴的经验。

青草沙水库（图片来源：《口述上海——国资国企改革》P353）

创建面向未来的智慧城市

53

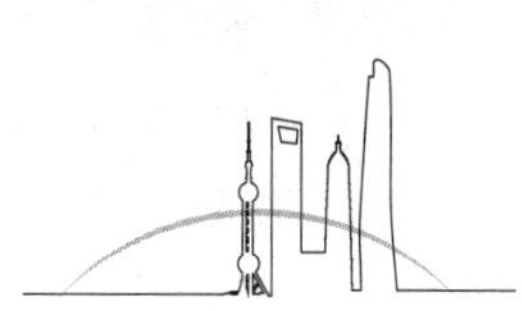

名称：智慧城市

上海特色：智慧安防、智慧交通、智慧社区

上海时刻：2010 年

随着人类社会的不断发展以及城镇化水平的不断提高，城市的人口以及需求不断增加，但资源是有限的，城市不断扩张的需求和有限的城市资源之间会产生冲突和矛盾，引发诸如交通堵塞、环境污染、资源短缺、公共安全等众多“城市病”。面对城市发展过程中的各类问题，国际商业机器公司（IBM）于 2008 年提出了“智慧城市”的理念，这一理念一经提出便得到了广泛的关注和认同。随着信息技术的不断发展和普及，建设智慧城市已经成为一个热门的话题，世界各国都在致力于探索智慧城市的建设和发展之路。上海作为一个国际化的大都市，自然也不例外。

智慧城市 = 智慧管理 + 智慧生活 + 智慧发展

智慧城市是以数字化、网络化、智能化为基础，以社会、环境、管理为核心要素，以泛在、绿色、惠民为主要特征的城市可持续发展理念与实践。智慧城市可以理解为“智慧 + 城市”，就是将大数据、云计算、物联网、移动互联网等“智慧型”的信息技术应用于城市的各个方面，以满足城市发展需求，最终实现城市管理有序、城市生活便利、城市可持续发展的目标。具体来说，智慧城市包括智慧管理、智慧生活、智慧发展。

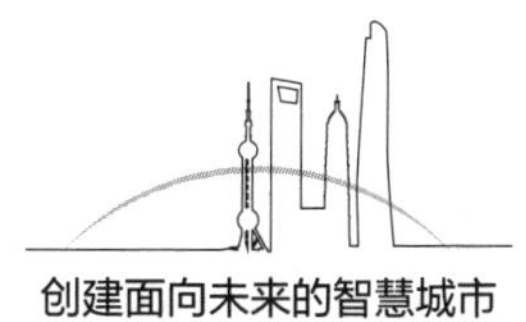

智慧管理包括智慧政务、智慧城管等，充分利用现代信息技术手段，实现政务管理的电子化和信息化，从而提高城市管理的效率和水平。智慧生活包括智慧交通、智慧教育、智慧医疗、智慧社区、智慧养老、智慧文化、智慧体育等，通过现代信息技术手段使人们生活中的种种需求实现“智慧化”，让人们获得最大限度的便利。智慧发展意味着城市本身需要以信息化为依托，不断拓展、开放智慧经济和智慧产业，并且在保持城市不断发展的同时，保持生态环境的良性循环，实现可持续发展。

上海智慧城市建设历程

智慧城市一经推出便得到了各国政府的高度重视，在全球掀起了智慧城市建设的浪潮。2010 年，上海正式提出“创建面向未来的智慧城市”战略，智慧城市序幕由此拉开。之后连续发布 2011—2013 年、2014—2016 年两个三年行动计划，形成了相对完整的智慧城市建设顶层设计。为了加快推进上海智慧城市建设，让互联网更好地服务经济社会发展，上海市人民政府于 2016 年 9 月发布《上海市推进智慧城市建设“十三五”规划》，提出到 2020 年上海信息化整体水平要继续保持国内领先地位，部分领域达到国际先进水平，初步建成以泛在化、融合化、智敏化为特征的智慧城市。上海不仅有全面的智慧城市建设规划和政府的大力支持，而且有较为完备的互联网技术基础设施和较高的基础服务水平，使得上海智慧城市建设的整体水平一直处于国内领先地位。

上海智慧城市建设先进经验

上海从提出智慧城市发展战略至今已有近十年，在很多重点领域都走在前列，值得其他城市借鉴与学习，其中比较典型的是智慧安防、智慧交通、智慧社区三大领域的落地应用。

“一中心、一平台、多系统、多模型、泛感知、泛应用”的智慧安防建设突

出。上海市通过在卡口、街面、网络社区、楼宇等区域布设各类前端感知设备，泛在感知公共安全领域的各类风险，为智慧安防建设提供了坚实的基础。“一中心”即上海智慧公安数据中心。该数据中心能够实现“感知神经元”所采集数据的汇集、可视化、调用和分析；能够智能识别违法犯罪行为，实现毫秒级响应，并直接将指令发送到周边各民警终端设备，可随时按照预案体系，按需调动专业执法民警；能够与外部城运中心连接，实现政府部门协同办事。“一平台”即智慧公安综合服务平台，通过统一的数据标准和接口，实现上海公安各类系统应用的联通，为警务活动、其他政府部门的政务活动和人民群众提供服务。

智慧交通以深度优化各交通系统和服务、大力推进停车信息化建设为主。上海市城市道路交通的智慧化建设基于已经搭建的“一中心”和“一平台”，深度优化智能交通信号灯管理系统、行人过街提示系统、公交信号优先系统、多功能复合型电子警察、上海综合交通 App 等，同时大力推进上海停车信息化“一个平台，四大系统”的建设。

安防建设和社区服务助力智慧社区建设。上海市的智慧社区建设沿着安防建设和社区服务两大方向推进。安防建设重点包括智能安防系统和智能消防感知系统两部分。社区服务重点包括市民云和智慧社区服务平台两部分。

智慧化是未来城市发展的必然趋势，未来的智慧城市将在不断发展的“大、移、物、云、智”等信息技术的支撑下，形成信息网络和信息系统的资源共享，为城市管理、城市生活和城市发展提供智能和便利的服务，真正实现“智慧城市”的发展目标。上海将进一步推动科技与百姓需求的融合，通过大数据更好地满足全市人民对美好生活日益增长的需求。

家庭医生签约服务之"上海模式" 54

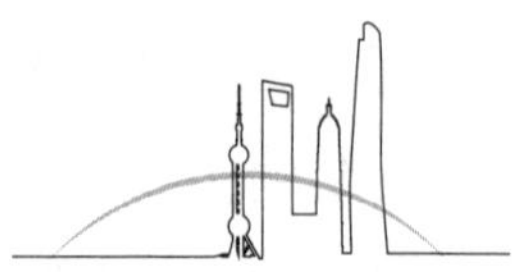

名称：家庭医生制度

上海特色："1+1+1"医疗机构组合签约模式

上海时刻：2013 年 3 月 27 日

提起医疗改革，很多探索都绕不开上海，特别是上海在全国最早实行家庭医生签约制度，一度成为国内关注的焦点。自实施以来，上海市家庭医生签约服务以"稳步签约、做实服务、提高感受、守护健康"为准则，在全市范围内得到了持续推进，成为国内家庭医生签约服务的"模板"。

"1.0 版"向"2.0 版"转变，形成"1+1+1"的特有模式

自 2011 年上海市启动家庭医生签约服务以来，经历了由"家庭医生签约 1.0 版"向"家庭医生签约 2.0 版"的转变，形成了"1+1+1"医疗机构组合签约模式。

2011 年 4 月，上海率先在长宁、闵行等 10 个区启动家庭医生制度试点，并积累了一系列值得全市推广的经验。2013 年，上海市人民政府制定并下发了《关于本市全面推广家庭医生制度的指导意见》。同年 3 月 27 日，上海市人民政府召开上海市家庭医生制度工作推进会，由此标志着家庭医生制度在全市开始全面推广。

2014 年，家庭医生制度试点在全市所有社区卫生服务中心开展。这一阶段的家庭医生制度试点以签约为主，引导居民认识、接触并逐步接受家庭医生

服务，称为家庭医生签约 1.0 版。

2015 年 11 月，上海市人民政府发布《关于本市全面推广家庭医生制度的指导意见》，在家庭医生签约的基础上，启动“1+1+1”医疗机构组合签约试点（市民可以在社区中心选一个家庭医生，在全市范围内选一家区级医疗机构，再选一家市级医疗机构，从而形成“1+1+1”医疗机构组合签约，签约后可在医疗机构组合内自由就诊）。着力打造家庭医生签约 2.0 版，力求通过进一步紧密签约服务关系，提升家庭医生初级诊疗能力与健康管理能力，逐步建立分级诊疗制度，全面实现家庭医生“守门人”的职能。

专享签约优惠服务

上海在设计和实施家庭医生签约服务的过程中，并不只是单纯地看签约服务的覆盖率，而是更关注签约后有效服务的情况，从签约覆盖、就诊流向、就诊频次、医疗费用、健康管理、居民反响等维度对签约服务进行科学考核。

除了诊间签约、社区签约等渠道外，近年来，上海市卫生健康委员会还推出“互联网 +”家庭医生签约服务，丰富了签约手段。市民可以通过“上海健康云”App 实现线上签约家庭医生，使得家庭医生签约服务可以覆盖更多的职业人群。

上海市统一的签约优惠服务政策包括预约优先转诊、慢性病药品长处方和延伸处方、针对性健康管理、医保费用管理等配套服务。具体包括以下七方面：（1）家庭医生对签约居民的健康状况进行评估，有效地帮助签约居民明确自身主要的健康需求，并为签约居民制定有针对性的健康管理方案；（2）提供基本诊疗、社区康复与护理等服务，为通过预约的签约居民在社区卫生服务中心内提供优先就诊服务；（3）确保签约居民可优先转诊至上级医疗机构，确保通过家庭医生转诊的签约居民可优先获得上级医疗机构的专科资源；（4）利用多种途径（咨询热线、网络平台等）向签约居民提供咨询服务；（5）为签约居民提供更便捷的配药政策；（6）对确有需求并符合要求的签约居民优先建立家庭病床；（7）协助签约居民管理医疗费用，帮助签约居民合理控制医疗费用。

典型成效

上海实施家庭医生签约服务以来，取得了显著成效。截至 2019 年 7 月，上海家庭医生签约居民超过 700 万人，二级、三级医院平均每月为家庭医生优先预留 13.8 万个门诊号源，“1+1+1”（1 家市级医院、1 家区级医院、1 家社区卫生服务中心）组合内就诊率高达 71%。居民慢性病签约率超八成，有效解决了慢性病药品长处方和延伸处方的相关问题，使得常年疲于到上级医院单纯配药的慢性病患者实现有效下沉。优质医疗资源支撑社区，实现了同质化诊疗，为首诊下沉奠定了基础。

推进家庭医生签约服务对转变医疗卫生服务模式、建设分级诊疗制度、构建和谐医患关系、密切党和人民群众血肉联系具有重要意义。家庭医生签约服务之“上海模式”，不仅得到了官方的肯定，而且经受住了民意的检验。上海家庭医生签约服务使得全市社区卫生服务的公众满意度持续提升。家庭医生签约服务之“上海模式”已向全国各省市推广，是国内家庭医生签约服务改革的标杆。

下一步，上海市还将继续加大力度，推进家庭医生签约服务工作，给予家庭医生更多的资源与技术支撑，给予签约居民更好的服务体验与健康管理，坚守上海健康的网底，让越来越多的家庭医生如同星星之火，为上海市民带来更有温度的健康服务。努力让家庭医生签约更“便捷”，让推行签约的方式更“自愿”，让上海市民有更多的“获得感”。

社会治理的发展与成果

55

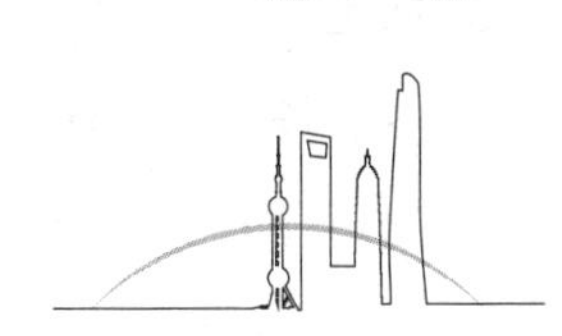

名称：社会治理的发展与成果

上海特色："大平安"理念

上海时刻：2012 年

中国共产党第十八次全国代表大会于 2012 年 11 月 8 日在北京召开。2012 年，上海以加强创新社会治理、深化平安建设为总体布局，首次将综合治理"十二五"规划列为市级专项规划，系统谋划、全面推进和创新社会治理工作。上海各级党委、政府以"大平安"理念为指导，进一步把"平安上海"融入经济、政治、文化、社会等方面，不断拓展平安建设的领域，丰富"平安上海"的内涵。

国内最有安全感的城市

2017 年游客旅游意愿的调查结果显示：中国旅游安全程度居全球之首，而在国内评比中，上海独占鳌头，成为游客心中最有安全感的城市。在调查的八个项目评分中，上海在交通安全、社会治安安全、旅游服务安全等六个项目上均获得满分（10 分）的优秀成绩，剩余两个项目也达到 9 分，可见游客对上海的安保系统有着很高的评价。另外，在线旅游平台的相关数据显示：上海是最有"安全感"的城市。例如自携程全球 SOS（支援和服务）系统上线半年以来，作为热门旅游城市的上海发生的 SOS 求助为 0 起。通过各大旅游保险平台的数据也发现：上海是出险率最低的城市。在上海旅游风险极小，可以从侧面说明上海的安全性很高。

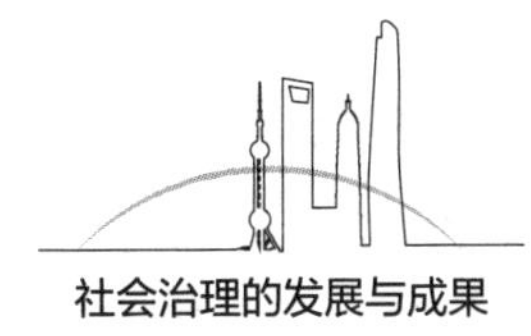

以反恐标准维护城市安全

从外白渡桥到十六铺码头近1000米的巡逻路段，全副武装的特警每天要来回走上十次。烈日灼人，战斗服、战术背心、枪支弹药等“标配”一件不能少，全身装备加起来有15斤。近几年，特警这支神秘而“高大上”的精锐队伍，已逐渐出现在上海的街头巷尾，他们作为反恐、维稳、处突的“尖兵”，参与上海这座安全指数持续处于高位的城市的日常社会治安防控。作为一座超大型城市，即使安全指数始终维持高位，上海依然存在公共安全的隐患与风险。因此，上海很早就把维护城市安全的标准从“治安标准”提升至“反恐标准”。围绕“反恐标准”，上海精心打造了立体化的城市安全防护体系——治安巡逻防控网、武装应急处突网、群防群治守护网，它们像三张网络一般守护着上海的城市安全。

创新警务科技，提升管理效率

上海公安部门对标智慧城市建设，全面提升公安工作的信息化、智能化、现代化水平，让数据信息服务城市治理。从人流、物流、资金流、信息流入手，上海公安部门分析梳理犯罪规律，研发针对特定类型案件的数据模型，加强经营、深度打击、集群破案，不断提升打击犯罪的能力水平。上海市公安局研发的客流监控及预警指挥平台，依托高科技手段，通过信号登录数计算人流量，分析人流趋势，而部署的警力、制定的预案都将按照预警信息梯度启用。与过去凭经验管理不同，“人力＋科技”的管理模式正成为上海的新“惯例”。

上海探索建立基层社会治理标准体系

2018年12月19日，上海市徐汇区发布首批10项区级标准，涉及公共服务、公共安全、公共管理三大领域。这是上海建立基层社会治理标准体系的一个探索。优质的公共服务是城市最大的“魅力指数”，也是最强的软实力。上海市徐汇区推出“邻里汇”建设和运行、公共文化配送等管理和服务标准。作为社区服务连锁品牌的“邻里汇”，其布局、建设、运行和管理在标准中都

有明确的要求，而对内部空间的装潢和布置、家具的选择等则未作硬性规定，强调体现家庭式的整洁温馨氛围，避免了“一刀切”式的审美，让标准也有了“人情味”。

上海社会治理创新最佳案例揭晓

2018 年 3 月 27 日，2017 中国（上海）社会治理创新实践案例评选结果揭晓，评选充分展现了过去五年上海在社会治理创新领域取得的成就，系统总结了上海社会治理创新的典型经验。该评选由中共上海市委组织部、中共上海市委政法委、中共上海市社会工作委员会作为指导单位，中国浦东干部学院、中共上海市委党校等单位共同发起。通过案例申报、网络投票及专家评审等环节，普陀区红旗村“五违四必”区域环境综合整治、上海市烟花爆竹消防安全管控、上海市道路交通违法行为大整治、宝山区“社区通”服务平台、浦东新区陆家嘴“金领驿站”党建阵地、黄浦区“重塑老城厢”环境综合整治、徐汇区“滨江建设者之家”综合服务平台、浦东新区“家门口”服务体系、黄浦区半淞园路街道耀江社区《住户守则》、闵行区上海康城平安小区协同治理模式获评十佳案例。

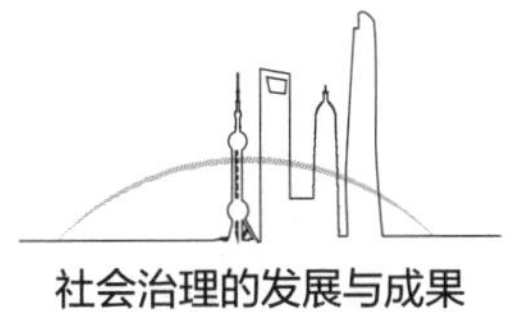

在黄浦江边“乘风凉”

56

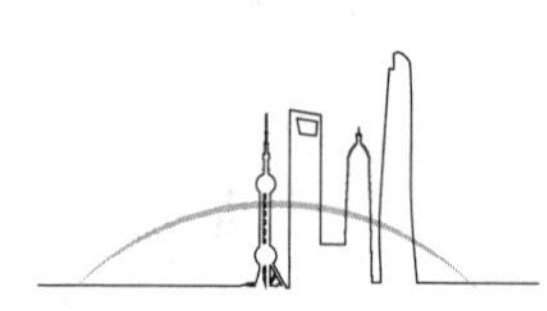

名称：黄浦江沿岸区域全面升级改造

政策：《黄浦江两岸地区发展“十三五”规划》

上海时刻：2016 年

滨江亲水岸线的开放，为上海市民和游客提供了新的休闲去处，打造了独具上海文化脉络的城市生活时尚新空间。

中国近现代工业文明的发祥地

黄浦江是上海的母亲河，孕育出上海的航运大动脉和中国近现代工业基地。经过百年发展，黄浦江两岸码头密布，工厂林立，确立了它在上海乃至中国工业发展历程中无可替代的地位。关停的机器设备、废弃的荒地厂房迎来了它们的“转世”，一场轰轰烈烈的大改造再一次拉开了大幕。

还江于民，造福于民

20 世纪 80 年代，黄浦江流经市区段除了外滩以外几乎没有公共岸线。随着时代的变迁，黄浦江沿岸区域功能转型升级。如何还滨江公共环境空间于民，把原来的生产岸线置换出来，变成市民观光休闲的生活岸线，将其建设成大众亲近自然、休闲娱乐、享受生活的高品质场所，一直是上海市政工程的重点内容。黄浦江两岸是上海城市的“主动脉”，也是上海未来发展的重点和亮点。近年来，黄浦江两岸地区始终坚持高起点规划、高水平开发和高质量建

设，全力打造世界著名的滨江发展带，成效显著。黄浦江两岸地区对全市创新驱动发展、经济转型升级的带动引领作用进一步凸显。

传承城市历史文脉

2016 年，上海市人民政府印发《黄浦江两岸地区发展“十三五”规划》，指出黄浦江两岸地区规划范围包括了浦东新区、宝山区、杨浦区、徐汇区等 8 个行政区的滨江区域。各个区段在改造的过程中都非常注重对地域特色的保护和传承，对沿江历史街区、历史建筑进行保护性更新改造，浦东上海船厂和民生文化城、浦西徐汇西岸文化走廊、黄浦老码头、杨浦上海国棉十七厂等重点项目有序推进，传承了上海的城市历史文脉，提升了滨江地区的文化魅力。

打造世界一流滨水区域

立足上海建设“卓越的全球城市”总体目标，黄浦江两岸地区公共空间建设的愿景是营造可漫步、可阅读、有温度的魅力水岸空间，成为全球城市生活核心的美好舞台，逐步将浦江两岸塑造成生活、生产、生态空间高度统一的世界一流滨水区域。

徐汇西岸艺术中心（摄影：郑旦军）

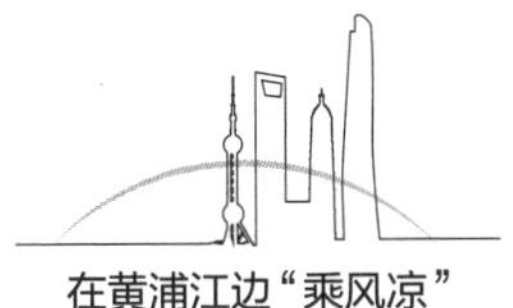

世界最快中国最忙之京沪高铁 57

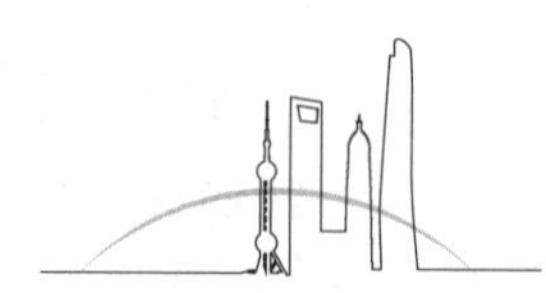

名称：京沪高速铁路

起始：北京南站至上海虹桥站

上海时刻：2011 年 7 月 1 日

京沪高速铁路（以下简称“京沪高铁”）是一条连接北京市与上海市的高速铁路，是 2016 年修订的《中长期铁路网规划》中“八纵八横”高速铁路的主通道之一。京沪高铁由北京南站至上海虹桥站，全长 1318 千米，共设 24 个车站，最快时速为 380 千米。

京沪高铁途经中国的华北地区和华东地区，两端连接京津冀和长三角两个经济区域，沿线以平原为主，局部为低山丘陵区，经过海河、黄河、淮河、长江四大水系，所经区域面积是中国客货运输较繁忙、增长潜力较大的客运专线。

京沪高铁建设大事记

2006 年 2 月 22 日，国务院第 126 次常务会议批准京沪高铁立项。

2007 年 10 月 22 日，国务院决定成立京沪高铁建设领导小组。

2007 年 12 月 10 日，京沪高铁建设领导小组第一次会议召开。

2007 年 12 月 27 日，京沪高铁股份有限公司创立。

2008 年 4 月 18 日，京沪高铁全线开工。

2009 年 6 月 30 日，京沪高铁全线路基施工完成。

2010 年 1 月 14 日，京沪高铁进入轨道板铺设阶段。

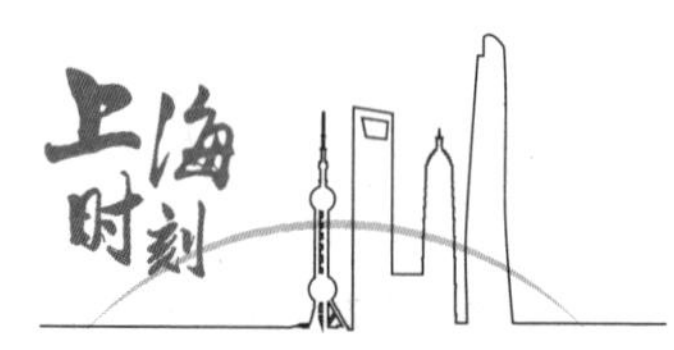

2010 年 11 月 15 日，京沪高铁全线铺轨完成。

2011 年 5 月 11 日，京沪高铁全线开始为期一个月的空载试运行。

2011 年 6 月 7 日，京沪高铁全线开始试运营。

2011 年 6 月 16 日，京沪高铁全面载客从上海虹桥站至北京南站试跑。

2011 年 7 月 1 日，京沪高铁正式开通运营。

中国高铁从“追赶者”到“领跑者”

京沪高铁是目前世界上一次建成的里程最长、标准最高的高速铁路，也是中华人民共和国成立以来投资规模最大的建设项目。京沪高铁工程项目是一个庞大的综合体系，涉及机械、土木、电子、电气、材料、信息、测量等多个学科领域，其技术难度堪称“高铁技术博物馆”。截至 2016 年 1 月，京沪高铁获中国发明专利 51 项、中国实用新型专利 114 项、中国外观设计专利 5 项、中国软件著作权 8 项、中国国家级工法 9 项。2016 年 1 月 8 日，京沪高铁荣获 2015 年度国家科学技术进步奖特等奖。

京沪高铁的艰巨性、复杂性和特殊性史无前例，面临着世界长距离高速铁路持续运行速度超越的重大科学问题。新一代高速列车的开发是在消化吸收基础上的一项再创新工程，为国家提供了强有力的装备保障。建立并完善具有自主知识产权、国际竞争力强的时速 350 千米以上的中国高速铁路技术体系，取得了举世瞩目的成就。

京沪高铁作为中国高铁的标杆和典范，创造了许多中国第一和世界第一。它非常重要的意义还在于：构建了世界一流的具有自主知识产权的中国高铁标准体系与技术体系，并且在工程建造、高速动车组制造、列车运行控制等方面实现了重大技术创新，破解了超越世界长距离高速铁路持续运行速度的重大技术难题，使中国高铁技术处于世界领先地位。

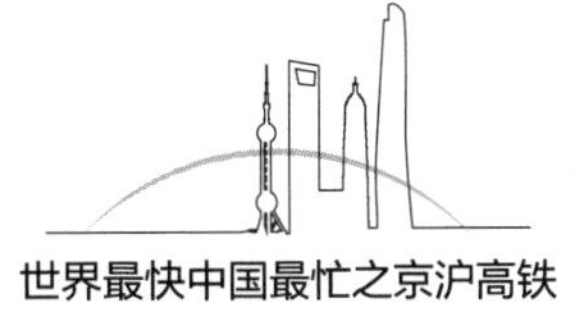

出差“不再过夜”，旅游“说走就走”

京沪高铁适应了人们的商务、旅游、探亲等出行需求，受到越来越多旅客的青睐，改变着沿线人民群众的出行方式和生活习惯。“千里京沪一日还”，主要旅游景点 1 至 2 小时内通达，旅客出行的时间被大大缩短，京沪高铁上“说走就走的旅行”随处可见。同时，京沪高铁在加速区域经济一体化、推进产业结构升级、助推城镇化进程、发挥经济聚集效应、提升应急交通能力以及创新铁路投融资体制改革等方面发挥了重要作用。以京沪高铁为代表的中国高铁不仅改变了人们的出行方式，而且以此构成了一条条经济长廊，带动着沿线城市的飞速发展，形成了活力焕发的“高铁经济”。

中国高铁“走出去”的闪亮名片

京沪高铁打造了技术先进、安全可靠、适用性强、绿色环保、高性价比的中国高铁品牌。中国也成为世界上少数几个能够提供包括基础设施、移动装备、运营管理等高速铁路成套技术的国家。京沪高铁成为“一带一路”国际合作的优选示范项目，引领“中国高铁”成为闪亮的国家名片。

规划中的京沪高铁二线

京沪高铁二线正在规划中，这也是中国的中长期铁路网规划中“八纵八横”高速铁路主通道中的第二纵。它对上海最重大的意义是与上海东站（筹建中）相连接，从北京出发可以直接乘坐高铁到浦东新区，不用再到上海虹桥站，不用再穿过整个上海市区才能到浦东新区，这将是上海的一大突破，也是浦东发展的一个里程碑。

生活垃圾分类，开启绿色生活新纪元 58

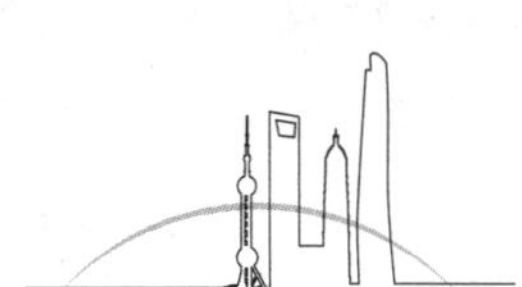

名称：生活垃圾分类

政策：《上海市生活垃圾管理条例》

上海时刻：2019 年 7 月 1 日

史上最严垃圾分类措施

2019 年 7 月 1 日，《上海市生活垃圾管理条例》（以下简称《条例》）正式实施，它被称为“史上最严”垃圾分类措施，也意味着国内首次将垃圾分类纳入社会法治框架。从垃圾产生源头到末端处理，上海实行全流程分类管理。个人或单位未按规定分类投放垃圾的，都将面临处罚。根据《条例》，对个人混投行为处 50 元以上 200 元以下罚款，对单位未按规定分类投放的行为最高可处 5 万元罚款。

一时间，垃圾分类成为全民关注的焦点。“你是什么垃圾”不再是一句骂人的话，而是成了上海人见面时的寒暄之语。

上海垃圾分类为何如此迫切

上海是中国最繁华的城市之一，同时也是全国生活垃圾产生量最多的城市之一。有一个比喻，在上海每 15 天产生的生活垃圾，就能堆成一座金茂大厦，差不多需要两个老闸北那么大的土地面积来填埋垃圾。然而，上海缺乏一个垃圾回收系统，和国内大部分城市一样，主要依靠捡垃圾的人把可以再利用的垃圾筛选出来。

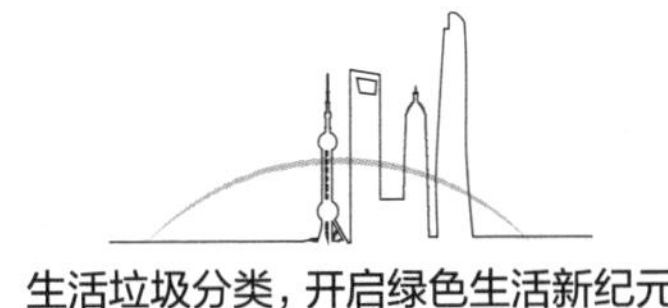

我国城市生活垃圾主流的处理方式是填埋和焚烧，上海也不例外，上海这两种垃圾处理方式的比重在八九成。垃圾填埋要占据城市大量的土地资源，并且很有可能产生水污染。而在垃圾焚烧的过程中，如果垃圾焚烧不充分很可能会产生剧毒物质——二噁英。二噁英不仅可以导致生殖和发育问题、损害免疫系统、干扰激素，还可以致癌，极大地危害人类的健康。

目前，全国城市垃圾无害化处理方式正逐渐转向以焚烧为主、填埋为辅。而垃圾完全有效焚烧的前提是做好垃圾分类。垃圾有效分类后，有回收价值的垃圾将不再被湿垃圾污染，干垃圾的焚烧成本降低，湿垃圾也可制成肥料、沼气等。

一场关乎文明素养的“考试”

在一定程度上，生活垃圾分类是改造人们日常生活习惯的“考试”，也是重塑人们生活方式的“考试”，更是一种关乎人们文明素养的“考试”。推广生活垃圾分类最大的难点就是让每家每户每个人都树立生活垃圾分类意识，自觉地去做。

在推进生活垃圾分类的工作中，上海各街道都在积极探索不同的方式，引导居民正确分类。其中，居民区撤桶并点、定时投放是较为普遍的一种做法。除了“刚性的约束”之外，也着重提供“柔性的指导”。上海的很多小区和人流聚集的公共场所，都有专门的志愿者“保驾护航”，指导市民正确投放垃圾。志愿者在垃圾投放点定时值守，不只是扮演“监考”的角色，更重要的是通过讲解和指导帮助市民迅速适应生活垃圾分类的要求，从而推动生活垃圾分类工作的顺利开展。

正所谓知易行难，如今很多上海人已经慢慢适应节奏。生活垃圾分类成为新时尚，已经融入市民的生活中。上海生活垃圾分类渐入佳境，市民的自律和守法意识显著增强。

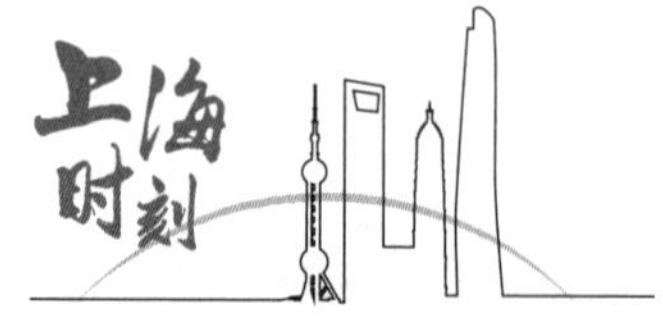

上海生活垃圾分类引全球"围观"

生活垃圾分类是一个国家软实力的重要组成部分，一个国家能否建立正式有效的垃圾回收系统至关重要。虽然与美国、日本等相比，中国在生活垃圾分类上起步较晚，但是若能在上海取得成功，那将对世界产生巨大的影响。打造现代垃圾管理体系首先要培养公民的生活垃圾分类意识，使他们认识到垃圾回收是全体公民的责任。上海在生活垃圾分类实施过程中的一系列举措为全市推进生活垃圾分类工作提供了很多宝贵的经验。

始于上海，走向全国

德中环境与能源促进中心的报告显示：目前中国生活垃圾年产量约 4 亿吨，并且大约每年以 8% 的速度在递增。面对如此庞大的垃圾年产量，建立健全生活垃圾分类和处理系统迫在眉睫。继上海全面实施生活垃圾分类之后，全国多地也在陆续进入生活垃圾分类"强制时代"，很多城市出台了生活垃圾管理条例，明确将生活垃圾分类纳入法治框架。

"生活垃圾分类"不只是一场上海人必须打赢的战役，还是一场事关所有中国人的战役。"生活垃圾分类"是一场所有中国人都输不起的残酷战争，我们必须打赢这场垃圾战争。

引导崇尚更科学、更绿色的生活方式

推行生活垃圾分类，关键是要加强科学管理、形成长效机制、推动习惯养成。生活垃圾分类是一门技术活，也是一项系统工程。学会生活垃圾分类固然重要，养成自觉分类的习惯也很重要，而更重要的是减少垃圾的产生。使广大市民真正崇尚更科学、更绿色的生活方式，主动少产生垃圾，主动选择绿色发展方式和生活方式。

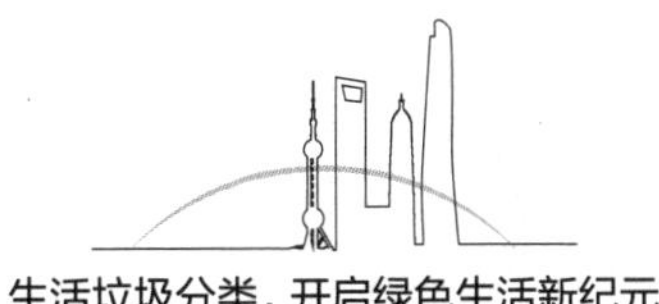

城市，让生活更美好
——上海世博会

59

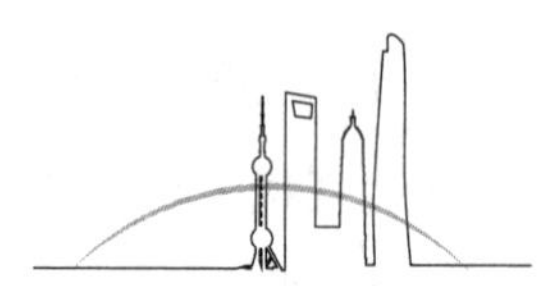

名称：中国 2010 年上海世界博览会

地点：黄浦江两岸，南浦大桥和卢浦大桥之间的滨江地区

上海时刻：2010 年 5 月 1 日至 10 月 31 日

2010 年 5 月 1 日至 10 月 31 日，举世瞩目的中国 2010 年上海世界博览会（以下简称“上海世博会”）在上海隆重举行。这是第 41 届世界博览会，也是首次在发展中国家举办的综合类世博会。全世界 190 个国家和 56 个国际组织围绕“城市，让生活更美好”这一主题，通过展示、活动、论坛等形式，共同探讨城市发展之路，进行文明对话，展望人类未来，从而使上海世博会成为不同国家、不同文化之间相互理解、沟通、欢聚、合作的大舞台。

申博成功，百年期盼变成现实

从 2001 年开始，上海大街小巷的招风旗上就写着“世界如给中国一次机会，中国将还世界一片异彩”。2002 年 12 月 3 日，当上海申博成功的消息从风景秀丽的蒙特卡洛传来时，举国上下一片欢腾。“我们赢了！”时任上海世博局副局长周汉民这样说道：“中国申办世博会，从国家的大战略而言，就是一句话，把世博会带回家，就是把世界带回家。通过一届世博会来提升国民的国际观。国际观就是中国义无反顾、坚定不移坚持改革开放的基本方针，并将改革

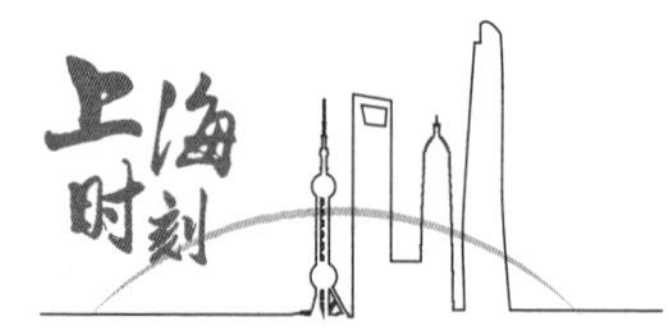

开放的成果与世界共享。”世博会不仅是上海的，也不仅是中国的，而是中国献给世界的礼物。

时任上海市委书记俞正声担任2010年上海世博会的总指挥，几乎每天晚上都要主持召开指挥部会议，经常亲临世博园区现场，察看施工进展，发现问题，解决问题。世博工程需要协调的层面太多，有国内和国外的、园区周边相关区的、基础设施的建设部门等，千头万绪。面对这些困难，指挥部自成立之日起，就做好打硬仗的准备。

首届以“城市”为主题的世博会

这是首届以“城市”为主题的世博会，这一主题凸显了人类社会已经迈入一个重要的时代，即城市时代。这一时代仅仅历经了200年：1800年，全球只有2%的城镇化率；1900年，城镇化率上升到13%；2007年，67亿地球村民中已有一半以上居住在城市。城市，如何让人们的生活更美好？如何在展现希望的同时让人们有迎接挑战的信心？上海世博会提出这一主题，是契合时代发展的一种表现。世界各国政府和人民围绕这一主题，充分展示城市文明成果，交流城市发展经验，传播先进城市理念，为新世纪人类的居住、生活和工作探索新模式，为和谐社会的缔造和人类的可持续发展提供生动的例证。城市多元文化的融合、城市经济的繁荣、城市科技的创新、城市社区的重塑、城市和乡村的互动等，这是一次深入探讨城市生活的盛会。

获得12项世界之最

为办好一届“成功、精彩、难忘”的世博会，上海市人民政府从各方面投入建设。建成了地铁13号线，并与地面200千米的轨道交通相连，构成500千米的城市交通网络。地铁13号线直达世博园区，还开辟了水上专用世博航道。

据不完全统计，上海世博会获得了12项世界之最。（1）参展规模最大，共有190个国家和56个国际组织参展。（2）志愿者人数最多，共79965名，分13

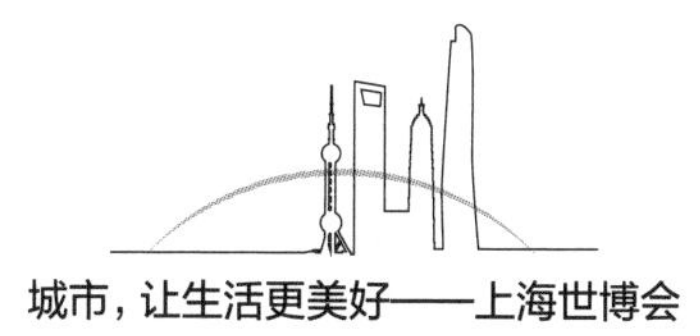

个批次向游客提供了129万班次1000万小时约4.6亿人次的服务。（3）正式参展方的自建馆的数量为历届之最，大约有40个国家和国际组织报名建设。（4）主题馆屋面太阳能板面积达3万多平方米，是目前世界上单体面积最大的太阳能屋面。（5）主题馆墙面入选中国世界纪录协会世界上面积最大的生态绿墙，面积为5000平方米。（6）上海世博会的政府总投资为317.01亿元，创造了世界博览会史上最大规模纪录。（7）是世界上保留园区内老建筑物最多的世博会园区，约2万平方米历史建筑得以保留，世博会博物馆与城市足迹馆都设在原江南造船厂的老建筑内。（8）2010年10月16日21时，当天进园参观上海世博会的人数达1032700人，成为世博会史上单天参观人数之最。同时，7308万的参观总人数也创下了历届世博之最。（9）世博会所在的城市规模是历届世博会之最。（10）首次同步推出网上世博会。（11）有世界上单体量最大的公共厕所。（12）世博会园区面积最大，园区在市中心占地5.29平方千米。

2010年上海世博会以“举全国之力，集世界智慧”的勇气和担当，为人类文明谱写了壮丽篇章。

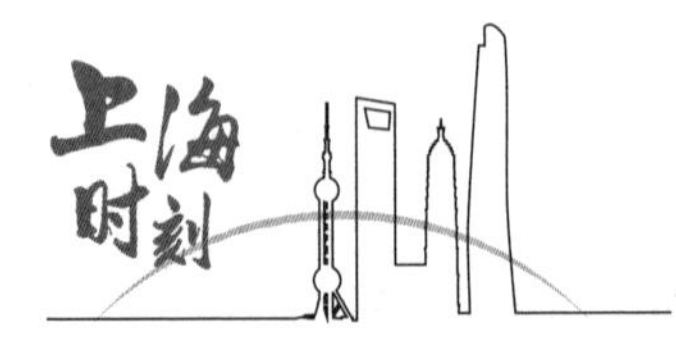

上海世博会中国国家馆（摄影：李东）

中美共绘大学梦

60

名称：上海纽约大学

地点：浦东新区世纪大道 1555 号

上海时刻：2012 年 10 月 15 日

在上海市人民政府的大力支持下，浦东新区人民政府高瞻远瞩、筑巢引凤，积极吸引世界一流大学落户浦东新区。美国马里兰大学、英国帝国理工学院等都先后来浦东新区考察，但因种种原因最终没有成功。2008 年 6 月 12 日，纽约大学校长约翰·塞克斯顿来访，浦东新区又一次开启了引进国际知名高校的“大学梦”。

第一次握手

2008 年 6 月 12 日，时任浦东新区区长李逸平、副区长张恩迪接见了来访的纽约大学校长约翰·塞克斯顿一行。纽约大学一眼就看上了浦东这块宝地，约翰·塞克斯顿校长主动提出，希望在浦东设立纽约大学上海浦东校区。李逸平区长当即表示，欢迎纽约大学到浦东办学。

合作办学三元素

2008 年 7 月 31 日，约翰·塞克斯顿校长致信李逸平区长。在信中，他介绍了纽约大学的概况和在其他国家建立校区的情况，正式提出建立上海浦东校区的初步设想。2009 年 5 月 22 日，张恩迪副区长会见了纽约大学副教务长一行。

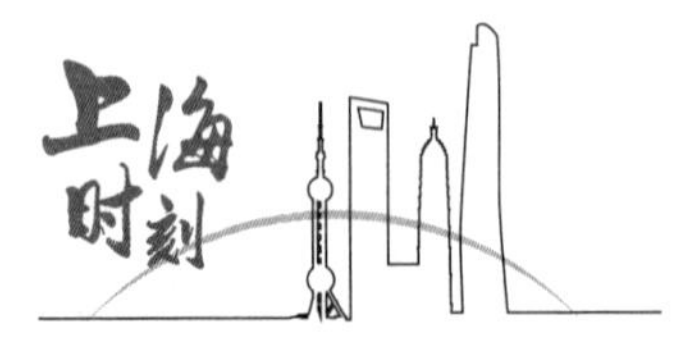

张恩迪一方面表示欢迎纽约大学来沪，另一方面表示要根据中国相关法律行事。依照《中华人民共和国中外合作办学条例》，国外机构不得单独在中国设立分校。经过协商，美方表示，愿与华东师范大学合作，举办具有独立法人资格的、非营利性的高等教育机构——上海纽约大学。于是，“浦东 + 华东师范大学 + 纽约大学”成为本次合作办学的三大元素。

高效率的谈判小组

2009 年 9 月，时任上海市副市长沈晓明主持召开了专题会议，成立由他本人任组长，时任上海市教育委员会主任薛明杨、时任浦东新区副区长张恩迪和时任华东师范大学校长俞立中为副组长的领导小组。上海市教育委员会、浦东新区人民政府和华东师范大学相应成立三个工作小组，分别负责上海纽约大学综合协调、基建设施和申报文本的起草工作。纽约大学方面成立了四个谈判小组，课程规划小组、空间规划小组、预算财政小组和运行协议及法律问题小组。之后，上海与纽约双方进行了异常艰难的协商谈判。2010 年 4 月 29 日，华东师范大学与美国纽约大学正式签署了合作设立“上海纽约大学”的框架性合作办学协议。同时，上海市教育委员会和浦东新区人民政府，会同华东师范大学与纽约大学共同签署《关于成立上海纽约大学的协议备忘录》。

教育部的“准生证”

2009 年 8 月，在沈晓明副市长的亲自协调下，上海市教育委员会、浦东新区人民政府和华东师范大学三方人员联合成立工作小组，正式启动与纽约大学方面的谈判。2009 年 9 月 14 日，时任教育部副部长郝平在上海听取了上海市教育委员会薛明杨主任《关于华东师范大学与美国纽约大学合作筹办“上海纽约大学”的情况汇报》，对上海纽约大学的创办设想给予了高度评价，认为上海最应该引进优质大学。2010 年 7 月 8 日，沈晓明副市长率团拜访教育部。时任教育部部长袁贵仁表示，将上海纽约大学建设确定为扩大教育开放的第一号改革试点项目，希望通过该项目办一所真正高水平的中外合作大学。2011 年 1 月 17 日，上海市人民政府收到教育部《关于批准华东师范大学与美国纽约大学合作筹备设立上海纽约大学的函》的批文，上海纽约大学经历三年的孕育，终于取得了“准生证”。

没有围墙的大学

为了上海纽约大学的建立，浦东新区付出了许多努力，进行了许多创新性尝试。第一，采用国际化城市大学的办学理念，建设一所真正开放、没有围墙的大学；第二，精心创设办学环境，选址在陆家嘴竹园商贸区黄金地段，将一个甲级办公楼项目改为上海纽约大学项目，将浦东青年人才公寓作为学生公寓，将浦东图书馆、源深体育发展中心作为大学特别合作对象；第三，精心扶持学校办学，为学校提供用地政策、人才政策等各项支持，形成良好的教育生态发展环境。

只争朝夕搞建设

2011 年 3 月 28 日，上海纽约大学合作办学协议正式签约。同时，在松林路上海纽约大学项目选址地举行了隆重的奠基仪式。2011 年 6 月 30 日，上海纽约大学教学大楼开工建设。2012 年 8 月 14 日，上海纽约大学教学大楼项目地上钢结构工程开吊。2012 年 12 月 7 日，上海纽约大学教学大楼项目结构封顶。2014 年 6 月，上海纽约大学教学大楼竣工。

从曼哈顿到陆家嘴

2012 年 9 月 22 日，经过专家实地考察和正式评审，教育部正式批准设立上海纽约大学。2012 年 10 月 15 日，上海纽约大学成立。这是中美两国在高等教育领域的高层次合作，也是上海和纽约这两个国际大都市在曼哈顿区和浦东新区之间架起的一座文化桥梁。

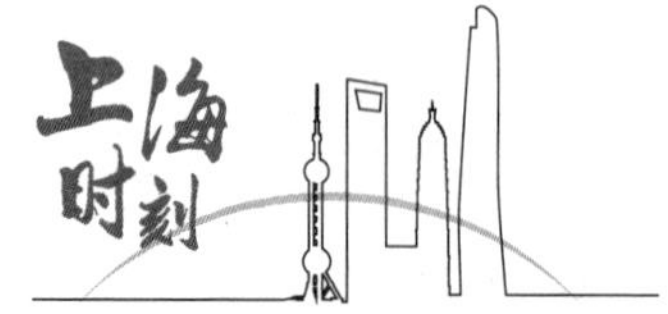

上海纽约大学（摄影：郑旦军）

进博会魅动全球

61

名称：中国国际进口博览会

地点：国家会展中心（上海）

上海时刻：2018 年 11 月 5 日至 10 日

2018 年 11 月 5 日至 10 日，首届中国国际进口博览会（以下简称“进博会”）在国家会展中心（上海）举行。此次进博会由中华人民共和国商务部、上海市人民政府主办，旨在坚定支持贸易自由化和经济全球化，主动向世界开放市场，是世界上首个以进口为主题的大型国家级展会。

一片“四叶草”熠熠生辉，喜迎八方来客

国家会展中心（上海）位于上海市虹桥商务区核心区西部，与虹桥交通枢纽的直线距离仅 1.5 千米，通过地铁与虹桥高铁站、虹桥机场紧密相连，周边高速公路网络四通八达，交通十分便利。国家会展中心（上海）总建筑面积 147 万平方米，集展览、会议、活动、商业、办公、酒店等多种业态于一体，是目前世界上最大的建筑单体和会展综合体。其主体建筑以伸展柔美的四叶幸运草为造型，采用轴线对称设计理念，设计中体现了诸多中国元素，是上海市的标志性建筑之一。

首届进博会吸引了来自五大洲的 172 个国家、地区和国际组织参会，参展企业 3600 多家，80 多万人进馆洽谈采购、参观体验，成交额达 578 亿美元。首届进博会广受国内外关注，吸引了近 4000 名中外记者与会报道。

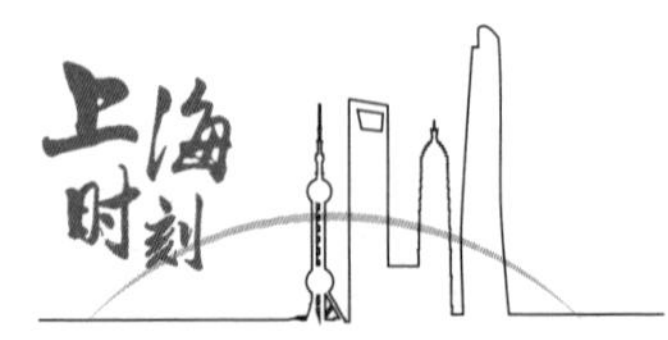

丰富多样的展会文化

首届进博会的主题口号是“新时代，共享未来”，该口号秉承“一带一路”“共商、共建、共享”的原则和精神，彰显了进博会将以中国特色社会主义思想为指导，打造全球包容、开放合作、互惠发展的新型国际公共平台，让世界共享“新时代”中国发展成果，为建设开放型世界经济和推动经济全球化朝着更加开放、包容、平等、互惠、共赢的方向发展贡献中国力量。

进博会的标识由中间的地球、外侧的浅蓝色圆环、进博会中英文名称和英文缩写（CIIE）等部分组成。中间的地球寓意着进博会的广泛性、多样性和包容性；地球上的绿色中国体现了“绿水青山就是金山银山”的绿色发展理念；外侧的浅蓝色圆环寓意着中国与世界各国紧密的团结合作；进博会的英文缩写“CIIE”中间两个字母“II”形似一扇打开的大门，字体颜色选取中国红，象征着中国热情好客，欢迎世界宾朋。

进博会的吉祥物主体形象为中国的“国宝”大熊猫，取名为“进宝”，既有“进口博览会之宝”的含义，也是“进博”的谐音，还暗含着“招财进宝”的吉祥寓意。“进宝”围着一条绣着进博会标识的蓝黄色围巾，其中黄色代表“丝绸之路经济带”，蓝色代表“21 世纪海上丝绸之路”，黄蓝色调体现了进口博览会与“一带一路”倡议的紧密联系。吉祥物手中所持的四叶草，既代表了进博会的举办地国家会展中心（上海）主体建筑的造型，又具有幸福、幸运的象征意义。

一场“不一般”的盛会

（1）主题不一般：首届进博会是世界上第一个以进口为主题的国家级展会，是国际贸易发展史上的一大创举；（2）内容不一般：进博会集外交、展览、论坛于一体，既洽谈合作又交流思想，既能得实惠又能观未来，经济合作和人文交流相互配合、相得益彰；（3）形式不一般：进博会坚持开放合作办展，世界贸易组织、联合国贸易和发展会议、联合国工业发展组织等国际组织担任合作单位，参展国与中国共同打造开放多元的进博会；（4）作用不一般：进博会服务经济社会发展全局，服务对外开放战略，服务“一带一路”建设。既让世界分享中国庞大的市场机遇，也为各国相互合作搭建了公共平台，为经济全球化提供了一个国际公共产品。

一场意义重大的盛会

进博会是既对中国好又对世界好的国际盛会，是促进开放发展和合作共赢的国际盛会。进博会对内有利于深化供给侧结构性改革，扩大中高端供给，让消费者不出国门就能体验和享受全球好货，更好地满足了人民群众对美好生活的需求，是推动经济高质量发展的有效载体；对外有利于统筹国际和国内两个市场、两种资源，推动现代化经济体系建设，通过主动开放带动全球开放，推进“一带一路”建设走深走实，是我国新时代高水平对外开放的标志性工程。进博会有利于各国分享中国发展机遇，扩大合作空间，拉紧利益纽带，是推动构建人类命运共同体的实际行动。

进博永不落幕，发展永无止境

首届进博会富有成效，精彩纷呈，广受赞誉，取得了圆满成功。进博会的成功举办向世界郑重宣示了进一步扩大开放的中国行动，彰显了中国推动更高水平开放、推动建设开放型世界经济、推动构建人类命运共同体的信心和决心以及责任和担当。一个更加开放和自信的中国，正在用实际行动为世界构筑共同发展平台，贡献推动全球贸易与合作的中国方案。进博会不仅要年年办下去，而且要办出水平、办出成效、越办越好，我国将持续打造国际一流的博览会。

打造世界级上海化工区

62

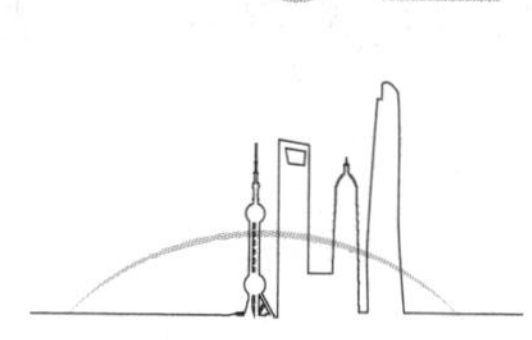

名称：上海化学工业区

地点：漕泾地区

上海时刻：2001 年 1 月 6 日

2001 年 1 月 6 日，上海漕泾地区，隆隆的机械打桩声此起彼伏，总投资 1500 亿元的上海化学工业区（以下简称“上海化工区”）一期工程正式拉开了大规模建设的序幕。这是步入新世纪后上海乃至全国投资规模最大的工业项目。2005 年，随着 12 个大型合资或独资项目的竣工，一个现代化、世界级的化工新城将崛起于杭州湾畔。

漕泾——打造化工重镇的天赐宝地

在全球化工版图上，一群规模庞大、实力雄厚、技术能级高的化工园区虎踞龙盘、声名远播，如美国墨西哥湾化工区、比利时安特卫普化工区、德国路德维希化工区等，都聚集了一批以节能、环保、高技术、高效益为特色的企业群。上海拥有吴泾氯碱和煤化工、桃浦精细化工、吴淞化工、闵行轮胎等基地，但布局分散、规模偏小且档次不高。上海化工要跟上国际节奏，必须建立世界一流的、超大规模的化工区，并与跨国公司展开全方位的交流与合作。漕泾依江临海，水陆交通发达，是打造化工重镇的天赐宝地。

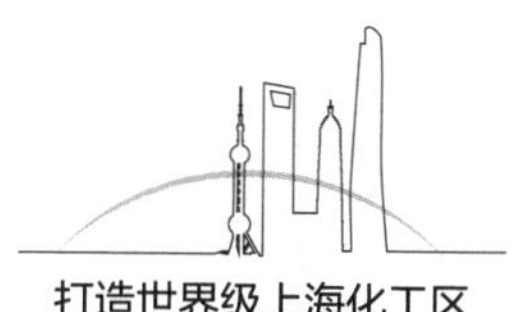

着眼未来，打造化工新“航母”

上海化工区南邻杭州湾，北以沪杭公路为界，西邻金山化工城，东接上海星火工业区，占地 23.4 平方千米。上海化工区海岸线长达 7 千米，具备建设万吨级海运码头的条件，还能依托上海四通八达的交通网络、完善的综合加工配套体系、雄厚的化工基础和技术力量。

根据规划，上海化工区一期工程开发 10 平方千米，主要安排重化工项目和公用工程岛。到 2010 年，上海化工区总投资 1500 亿元，实现产值 1000 亿元；2010—2015 年，在余下的 13.4 平方千米区域内，重点发展石化深加工、精细化工和生物化工，形成科、工、贸综合开发区，新增产值 600 亿元。

聚焦漕泾，战略协同

作为一个跨世纪、特大型的系统工程，上海化工区的开发建设需要群策群力和战略协同。1997 年 10 月，上海市成立了上海化工区开发领导小组，成员涵盖上海市人口和计划生育委员会、上海市经济委员会、上海市外国投资工作委员会、上海市规划和自然资源局、上海市财政局、上海市环境保护局、中国工商银行上海分行等部门，形成了科学、高效的决策、协调和推进机制。1999 年 1 月，上海市又加大上海化工区的砝码，将其列入与漕河泾高科技园区、闵行开发区并列的市级工业区，鼓励化工项目向这里集结。随后，上海市又决定加速建设上海化工区，立足于提高产业整体竞争力，优先发展石化、钢铁两大基础产业。

强强联手，优势互补，以合作提高竞争力。1999 年 12 月，上海化工区的责任主体——上海化学工业区发展有限公司进行了资产重组，上海石化和高桥石化联袂加盟，股东由 3 家增加到 5 家，注册资本从 12.8 亿元增加到 23.7 亿元。其中，华谊集团和上海石化并列为两大股东。此次重组，实现了“地方实力派”和“中央军团”的大联合，不仅强化了开发公司的资金后盾，有利于形成多元投资体制和现代企业制度，而且整合了上海地区的化工资源，为上海化工

区的开发建设创造了新机制和新动力。

名角荟萃唱大戏

虽然事先没有正式的招商引资活动，但嗅觉灵敏的化工跨国公司闻风而动，要求合资合作的电话、传真、电子邮件源源不断。中外化工巨头被中国化工市场的巨大潜力和上海化工区的广阔前景所吸引，纷至沓来，抢占商机。最引人注目的是总投资34亿美元的90万吨乙烯项目，它由中国石油化工集团有限公司、上海石油化工股份有限公司与英国石油公司联合兴建，堪称化工区的“龙头”项目。总投资10亿美元的异氰酸酯项目也不同凡响。异氰酸酯是聚氨酯的基本原料，而聚氨酯可广泛应用于汽车、家电、建筑、制鞋等领域，是一种高技术含量、高附加值的新材料。世界化工巨子德国拜耳公司制订了在上海化工区投资34亿美元、建设7个项目的一揽子计划。与过去单个引进外资和技术的做法不同，上海化工区发挥集聚效应，吸引跨国公司集群式入驻，形成紧密的供应链和产业链。

那些在美国休斯敦、比利时安特卫普化工区投资和搭档的化工巨子们，现在都跑来上海了。此情此景，令我国一批见多识广的“老化工”欣喜不已，他们赞叹：“如果说欧洲最大的化工区在安特卫普，美洲最大的化工区在休斯敦，那么亚洲最大的化工区将崛起于东海之滨、杭州湾畔。”一位资深经济专家评论说：“上海化工区的崛起，将与坐落在长江口的宝山钢铁基地南北呼应，并与浦东的汽车生产基地构成三足鼎立之势，支撑起上海工业在21世纪参与国际竞争的新平台。”

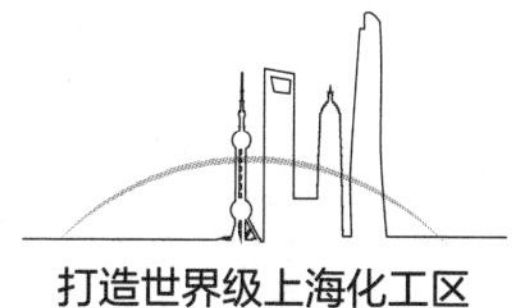

浦东盛开艺术花

63

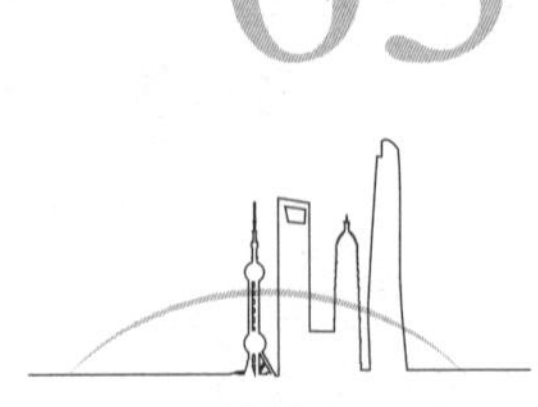

名称：东方艺术中心

地点：浦东新区丁香路 425 号

上海时刻：2005 年 7 月 1 日

在浦东新区的丁香路上，有一座“蝴蝶兰”状的美丽建筑，晶莹剔透，流光溢彩。它就是上海的标志性文化设施之一——东方艺术中心。

建一座国际一流的音乐厅

1999 年，浦东新区的经济建设日新月异，与之配套的文化设施也在紧锣密鼓地规划之中。经过反复论证，浦东新区决定建一座国际一流的音乐厅。选址在浦东行政文化中心地段，是连接浦东和浦西的重要交通枢纽。

一朵盛开的“蝴蝶兰”

东方艺术中心的外形由法国建筑师保罗·安德鲁设计。从高空俯瞰，整座建筑如同一朵在树林中盛开的蝴蝶兰。五片大小不一、不完全对称的玻璃花瓣，分别是音乐厅、歌剧厅、演奏厅、展厅和正厅。

三个独具个性的演艺厅

音乐厅的内墙是素雅的白，歌剧厅是热烈的红，演奏厅是幽深的蓝。三个演艺厅都布置了世界一流的舞台声音、灯光设施设备。音乐厅内有一架巨大的

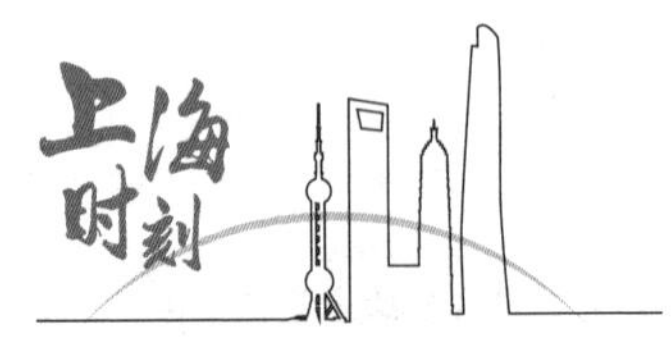

管风琴。这架管风琴是奥地利的一家公司为东方艺术中心量身定做的，共有88个音栓和五层手弹键盘，是目前国内最大的管风琴。歌剧厅采用可升降乐池和可转换舞台，能够满足现代音乐演出的需要。演奏厅采用阶梯式观众席，360度环绕舞台，让表演者和观众能够最大限度地交流。

“陶”出中国风

保罗·安德鲁认为“陶”最具中国特色，最能体现中国质感与韵味，提出用彩陶做内墙设计，由红、黄、灰三色陶片渐变过渡。创意虽好，但材料难找，从没听说过哪个建筑用“陶”做砖墙。最后，中方设计师在陶都宜兴找到一家公司，花了一年多的时间，终于研制出符合要求的“陶”。

“世界第二”的玻璃墙

东方艺术中心的玻璃墙采用夹有金属板的夹层玻璃的先进工艺。当时，世界上只有日本大阪海事博物馆用过这种工艺，我国还没有这类材料，只好自主研发。科研人员选用一种具有透明、高强度、耐光、耐热、耐寒、抗冲击等性能的玻璃，在两层玻璃中间夹着一层极薄的、与玻璃同色的夹胶以及多孔金属板，既坚固又美观，且能随时间和光线而不断变化，美轮美奂。

为了最好的声音质量

一流的艺术中心需要一流的音响效果来匹配，建筑声学和音质是这座音乐圣殿的生命。一开始，建设者就把音质综合调控系统研究作为一个重大的科研课题。技术人员和声学专家分别对中国民族声乐、传统戏曲以及东西方音乐欣赏等方面进行了调查、测量、分析和评价，从中找出规律和数据，从现代声学技术的角度提出了演出场所保证音响效果的建筑措施，并辅之以先进的音乐模拟系统。后期，东方艺术中心分别邀请了深圳交响乐团、上海交响乐团、上海民族乐团和部分演奏家到音乐厅，按照音乐会的标准，先后举行空场、满场测

试。音乐会又分为多种规格，其中有独奏、重奏、室内乐、合唱、交响乐等，几乎囊括了东方艺术中心可以举办的所有演出形式。

2004 年 12 月 31 日，东方艺术中心的首场音乐会在音乐厅举行。2005 年 7 月 1 日，上海东方艺术中心正式运营。2006 年 1 月，上海东方艺术中心入选“上海十大时尚地标”，被誉为“上海最新的高雅艺术发布地”。

东方艺术中心（摄影：郑旦军）

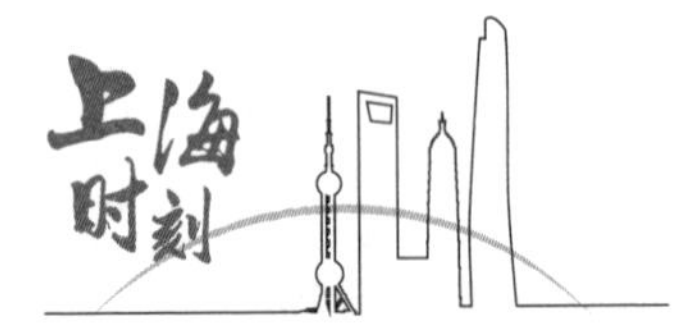

百年大计，世纪精品
——外滩一体化综合改造

64

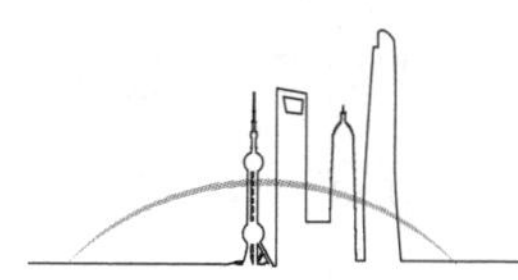

名称：外滩一体化综合改造

地点：黄浦江两岸

上海时刻：2002 年 1 月 10 日

2002 年 1 月 10 日，上海市黄浦江两岸开发动员大会（以下简称“动员大会”）召开。动员大会成立了上海市黄浦江两岸开发建设领导小组，并设立办公室。动员大会强调，黄浦江两岸的开发严格按照“百年大计，世纪精品”的总体要求，贯穿“重现风貌，重塑功能”的基本思路，推进黄浦江两岸开发工作。此后，黄浦江两岸开发工作的大幕正式拉开，各有关单位积极投入到相关工作中。

五点意见塑魂

动员大会在明确了黄浦江两岸开发的总体要求和基本思路的同时，也对推进黄浦江两岸开发工作提出了五点意见：一是处理好规划与建设的关系，坚持高起点规划和高水平开发；二是处理好当前与长远的关系，突出重点，有序开发；三是处理好市与区的关系，市、区联手，以区为主；四是处理好政府与市场的关系，建立利益共享的运作机制；五是处理好局部与全局的关系，各方配合，形成合力。

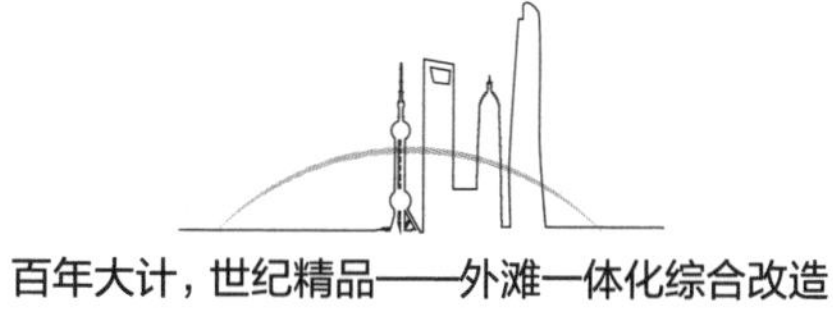

四区六段塑身

黄浦江两岸初始规划方案的核心区域范围位于杨浦大桥和南浦大桥之间，东西两侧海岸线总长度为 42.5 千米，其中黄浦区段 6.1 千米，在这段区域中承上启下，位置至关重要。2002 年 2 月 19 日，黄浦区宣布成立外滩一体化综合开发工作领导小组（以下简称“领导小组”），徐建国任组长，上海地产（集团）有限公司董事长冯经明任副组长，下设办公室，由曹永国担任办公室主任。领导小组严格按照“百年大计，世纪精品”的总体要求，统一规划，分步实施，形成“四个功能区，六段开发”的思路。四个功能区：苏州河至延安路，是以金融贸易为主的中央商务区；延安路至复兴路，是中央商务区的延伸部分，配之滨水旅游观光、娱乐休闲的综合功能区；复兴路至南浦大桥，是以现代居住、休闲为主的滨江居住功能区；南浦大桥至江边路，是以会展、文化休闲、居住为主的综合功能区。六段开发：第一段为苏州河、黄浦江交汇三角地带，即外滩源；第二段为苏州河至延安路，即外滩历史风貌保护区；第三段为延安路至新开河，即外滩风貌延伸段；第四段为新开河至复兴路，即十六铺地区；第五段为复兴路至南浦大桥，即董家渡地区；第六段为南浦大桥至江边路，即世博综合区。2006 年，黄浦区成立“一带三区”，即外滩沿黄浦江发展带、南京路地区、豫园地区和世博园地区功能建设领导小组，撤销了原先的领导小组，但外滩一体化综合开发办公室仍然保留运作，作为沿黄浦江相关功能区建设的推进机构。

外滩改造塑形

黄浦区外滩一体化综合开发工作的第一步就是规划设计方案的遴选，经过反复比选，确定了台湾的李祖原建筑设计事务所提供的方案。外滩风貌延伸段从延安路以南一直到新开河，长度为 450 米。此路段需要把八栋中华人民共和国成立后建成的形态各异的大楼与周边有着 150 年历史的外滩古典建筑群风貌统一起来。设计方案确定后，各相关人员开始动员各栋大楼的业主按照政

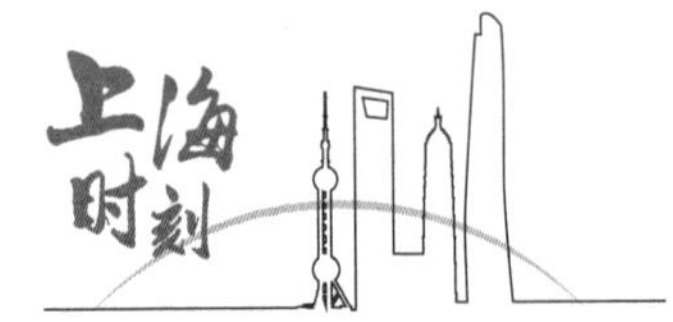

府确定的设计方案进行改造，改造工作进展缓慢。在黄浦区人民政府和外滩一体化综合开发办公室工作人员坚持不懈的努力下，2004 年 4 月 14 日，外滩华融大厦启动改造，由于体量较大，花费 1 年多时间才完成改造。改造后的华融大厦既与老外滩形成整体协调一致的建筑风格，又增加了几千平方米的使用面积，一举两得。经过整治，沿线八栋大楼与外滩风貌区在建筑轮廓与风格上相协调，自然地向十六铺地区过渡。外滩风貌延伸段的建设，对推进黄浦江两岸开发、提升区域功能、完善都市形象有着重要作用。

外滩（摄影：郑旦军）

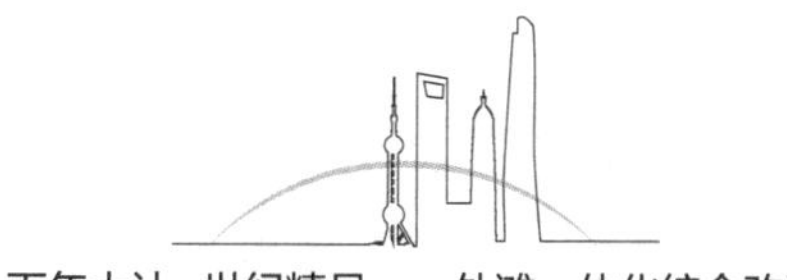

协同效应塑心

由于历史原因，黄浦江两岸土地、房屋权属主体多且关系复杂，不仅涉及很多单位和个人，还有一些特殊行业，开发回旋的余地小，要发挥好协同效应，存在一定的难度。尽管开发困难，但一些大企业在整个改造的过程中对这项工作给予了很大的支持。同时，对一些企业而言，当时也正处于企业升级换代的时期，有了资金对企业新阶段的发展也提供了重要动力，实现了双赢。除了企业的支持外，沿江地区的居民也对政府的这项工程表示极大的理解和支持。正是由于居民和企业对综合开发工作的充分理解、全力支持和积极参与，才形成了“百家争鸣齐改造，万众一心铸外滩”的局面，为全面实现黄浦江两岸地区发展目标提供了有力保证。

黄浦江两岸综合开发已走过了十余年，这只是外滩一体化综合改造战略工程的第一阶段。“十三五”期间，黄浦江两岸完成了由基础开发向功能开发的转变。2020 年在即，黄浦江两岸的世博园区、外滩、陆家嘴、北外滩区域、前滩和徐汇滨江区域，正在形成上海现代服务业的集聚带，成为上海“四个中心”的重要核心功能区，成为有机连接浦东、浦西重要的功能性轴线。相信这条重要的轴线综合服务功能会日益完善，将会更加有力地支撑上海未来的发展。

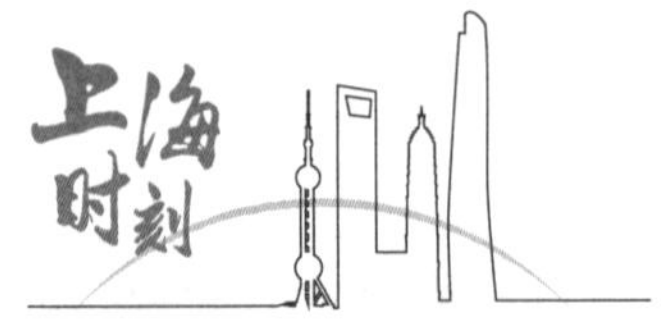

水上卧龙
——东海大桥

65

名称：东海大桥

地点：芦潮港、洋山深水港之间

上海时刻：2005 年 12 月 10 日

日出之地，东海之上，巨龙横卧江面，一座跨海大桥横空出世。

2005 年 5 月 25 日，东海大桥经过长达三年的施工，完成全线结构合龙，实现港桥全线贯通，全长 32.5 千米。东海大桥是一项前所未有的巨大工程，上海市委、市政府就建港和建桥的相关条件进行了七年的论证，这是上海国际航运中心的重要工程洋山深水港的“大动脉”，一端连接洋山岛，一端连接南汇芦潮港，其中有 25.32 千米的大桥横跨在外海海面上，是我国第一座真正意义上的长距离跨海大桥。

自创打桩定位系统软件

在以往的建桥中，多数的海上大桥是河湾大桥、海湾大桥，跨海大桥的建设在建桥规模、桥梁结构、施工环境等诸多方面与之前相比差异都较大。同时，跨海大桥受到风、浪、流、潮等环境因素的影响较大。这是我国首次在外海建设跨海大桥，跨海大桥建设过程中会有许多问题需要解决，有许多困难需要克服。2002 年 6 月开工后，遇到的首要难题是打桩。东海海面上风大、雾

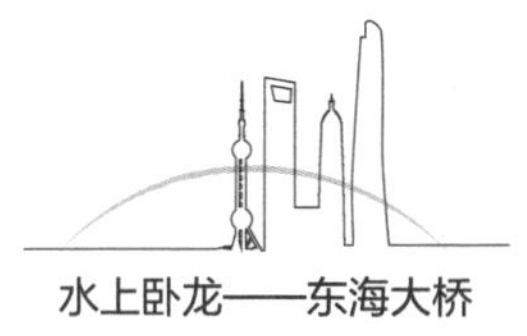

多、海流急、浪大，缺少参照物，为确保打下去的混凝土桩能够稳定牢固，必须将其打入六七十米的海底深处，第一根混凝土桩打下去，锤击数竟达到了4000多锤。在施工的前半年里，打下的混凝土桩只有350多根，效率低，质量又无法保证。经过研究，指挥部决定改用钢管桩。与此同时，为了克服卫星信号弱、国际卫星使用受限等难题，建设者们利用全球卫星定位系统（GPS）专门设计出打桩定位系统软件，实现自动对桩，大大提高了打桩的质量和速度，为确保东海大桥总体工期进度奠定了基础。截至2004年5月15日，东海大桥桥基部分打桩任务圆满完成，共计打桩3355根，每根桩的锤击数是5000锤。最后打桩记录检查结果表明，只有两根桩误差大于20厘米，超过规范要求。

风雨无阻100年

根据有关大桥建设的规范要求，大桥使用寿命要比港口使用寿命长。东海大桥所连接的洋山深水港口规划使用寿命是50年，国内首次提出东海大桥的使用寿命为100年。建设者们针对大桥的不同结构采取不同的方式解决海水、微生物和盐雾对大桥腐蚀等一系列的技术难题。大桥的使用是一个长期循环养护的过程，尤其是对于东海大桥这样一个世纪工程。建设者们提出，对于栏杆、斜拉索等可更换的部件，可以通过加强养护维修、届时更换的循环养护方法确保正常使用100年；而对于钢管桩桩基、承台及墩柱表面混凝土等不可更换的部件，则需要采用耐腐蚀性材料、重防腐涂料等，确保其寿命达到100年，这是一个不可循环的养护过程。

技术创新斜拉索桥

在东海大桥建设中，主通航孔斜拉桥是整个大桥建设的核心。这座双塔单索面大桥，全长830米，主跨跨径420米，双塔高度是157米，位于从芦潮港向外约16.5千米处的茫茫东海上。东海大桥的主通航孔斜拉桥由上海建工集团股份有限公司张洪光率队负责，很好地解决了主通航孔下部结构的施工问

题。主通航孔斜拉桥的下部结构是两个主墩，每个主墩由 38 根直径为 2.5 米、长度为 110 米的钻孔桩组成。钻孔桩上面是承台，一个承台的混凝土方量近 8200 立方米。主通航孔斜拉桥的上部结构采用钢和混凝土结合梁的形式，梁的高度是 4 米，桥的宽度是按照六车道加紧急停车带的高速公路标准设计的，桥上共有 192 根斜拉索。

大桥合龙遭遇战

东海大桥的主通航孔斜拉桥合龙是一场艰苦的遭遇战。除了可能遇到黄浦江大桥合龙时测量误差的问题外，还有外海施工现场气象资料不清所造成的合龙气温测定困难以及钢和混凝土混合结构预制工期较长两个新问题。这些是任何斜拉桥都会碰到的技术难题。由于我国所有的气象站都建在岸上，只记录岸上的天气变化情况，所以海上的气象数据缺失导致气温测定非常困难。东海大桥在设计时考虑到东海的情况，进行了一些创新，它的上部结构用的是钢和混凝土结合梁的形式，下部是钢结构，顶板是混凝土板。因为它是一个混合结构，所以它的预制时间所占的工期比较长。建设者们做了大量的数据测量和曲线对比，确定精确到毫米级的节段梁长度和合龙时间，并改常规的三段合龙为七段合龙以节省工期。2005 年 5 月 25 日，螺栓孔和螺栓误差被精确地控制在预设范围内，东海大桥顺利完成合龙。2005 年 12 月 10 日，东海大桥通车运营。

如今，东海大桥这座当时世界上最长、工期最短的跨海大桥傲然屹立于浩瀚的东海上，实现了上海人真正可以上“海”的愿望。它不仅是我国外海建桥史上的一个奇迹，也为之后的杭州湾大桥的建设提供了宝贵的经验。东海大桥建设的洋山港精神也不断被传颂，激励着后人勇往直前、艰苦创业。

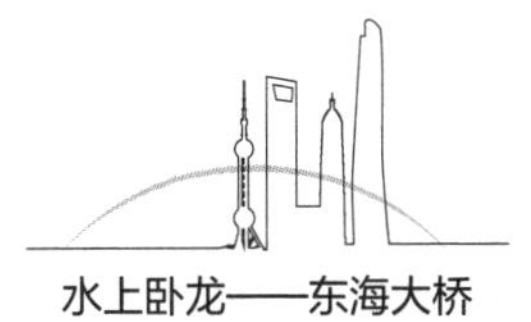

中国现代农业的靓丽奇葩
——上海鲜花港

66

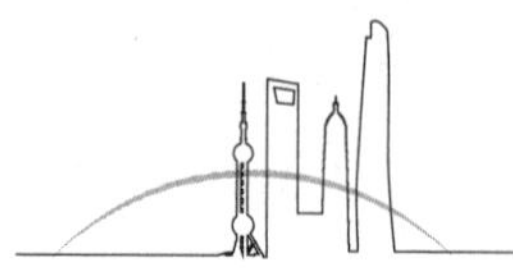

名称：上海鲜花港

地点：南汇新城

上海时刻：2002 年 9 月

上海鲜花港位于美丽的东海之滨，北邻国际航空港，南邻洋山深水港，地理位置得天独厚，是一个以花农培训、花卉种植、新品展示、新品研发、种苗出口为主的现代农业示范园区。2002 年 9 月，上海鲜花港开园。

上海鲜花港企业发展有限公司成立于 2002 年 9 月 28 日，由中荷农业部上海园艺培训示范中心、上海市农工商（集团）总公司、上海市农工商（集团）东海总公司三方共同出资组建，经过十几年的建设和发展，通过各方资源的叠加和互补，已经成为以设施农业为主，形成集约化生产、规模化经营的国家级花卉产业基地。

依托两港，打造中国的“阿斯米尔”

荷兰境内有一个小镇，叫阿斯米尔。阿斯米尔镇依托两港，成为世界上最大的花卉集散地。上海鲜花港的地理位置和产业属性与阿斯米尔非常相似。上海鲜花港毗邻上海国际航空港和洋山深水港，在 100 万平方米的核心区域内，已建成计算机控制下的温室 36 万平方米，花卉新品种展示区 48 万平方

米。通过运用计算机管理下的设施农业，不断提高花卉产业的科技含量，从而成为上海市实施农业产业结构调整的一个新亮点。

全国最大的现代化玻璃温室

上海鲜花港已建成并投入使用的现代化玻璃温室 36 万平方米，总量为全国之最，有“中国玻璃城”之美誉。目前，已形成切花 1000 万枝、盆花 50 万盆的生产能力，并做到一年四季如春，商品花不断。另拥有 3200 平方米和 1800 平方米的组培楼各一座，每年组织培养凤梨、蝴蝶兰等花卉种苗 7000 多万株，其中 80% 出口国外。上海鲜花港计划为 3 万花农提供优质种苗及技术服务。

郁金香的盛宴

上海鲜花港主题公园占地 48 万平方米，这里遍植五彩缤纷的荷兰郁金香。每年春季开园时，都有 500 多个品种 320 万株的花卉同时开放，争奇斗艳。园区内的郁金香在园艺技术人员的精心培育下，花期可延长一个月。近一个月的开花期又能让市民领略到五彩缤纷的郁金香迷人的魅力。上海鲜花港郁金香花卉新品展示园已成为现代科技农业和观光旅游农业的新亮点。

现代农业新亮点

自主创新、重点跨越、支撑发展、引领未来是上海鲜花港实现跨越式经营的发展思路。上海鲜花港紧紧依托中荷农业部上海园艺培训示范中心与世界农业发达国家开展国际交流与合作的优势，积极从荷兰引进现代化的生产装备，温室从无到有，规模从小到大，从全套引进到消化吸收，围绕鲜花港主要花卉品种的园艺专家系统、关键栽培技术和上海及周边地区的气候特点，自主设计与研发节能型屋顶和全开型温室，从而依靠民族工业支撑农业装备，依靠农业装备发展现代农业。目前，国内超过 80% 以上的温室都选自上海鲜花港

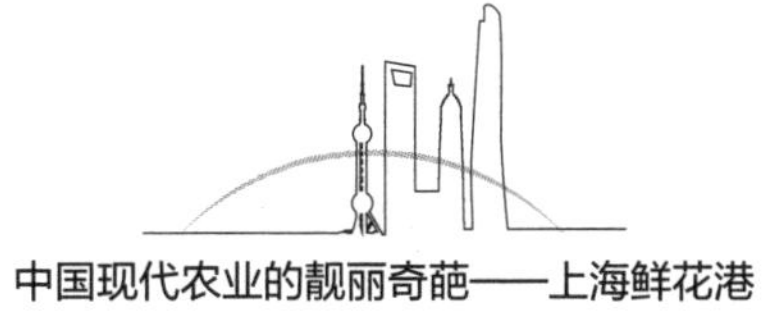

及有关科研机构共同自主设计研发的产品，不仅造价低，而且温室的构造适应我国国内花卉种植的生长需要。上海鲜花港以工厂化大棚和实验室"催花"技术彻底淡化"季节"概念，实现了年生产种苗1亿株、鲜切花1000万支、盆花120万盆的规模。高科技不仅能延长植物花卉的产业链，而且还能增加植物花卉的附加值。

全国花卉业的"领头羊"

上海鲜花港拥有上海乃至全国花卉业中的多个"第一"。首先，上海鲜花港依托控股单位的园艺培训优势，把实验栽培成功的植物花卉推广给农民，为全国多个省市培训学员1.5万人，成为上海花卉园艺人才培训的"第一课堂"；其次，上海鲜花港还承担着上海市"科教兴市"科技攻关项目中唯一的花卉科研项目，也因此获得了由美国农业部颁发的"敏感性农产品植物种苗"入境许可证；最后，上海鲜花港通过充分利用国际先进技术、资金、市场，提升农业产业化的水平和规模，实现高投入、高产出，从而与世界先进农业接轨。

上海鲜花港

打造世界级生态岛

67

名称：打造世界级生态岛

地点：崇明生态岛

上海时刻：2010 年 1 月

崇明位于长江入海口，是世界最大的河口冲积岛和中国第三大岛。崇明区由崇明本岛、长兴岛、横沙岛组成，占上海陆域面积近五分之一，区域人口 70 万，是上海重要的生态屏障，对长三角、长江流域乃至全国的生态环境和生态安全具有重要意义。上海市人民政府规划把崇明岛建设成世界级生态岛，到 2020 年，一座既拥有“水清、土净、气洁、林茂”的自然环境，又不乏生态型产业发展的“崇明生态岛”将显露雏形。

从探索实践到《纲要》引领的生态岛建设

位于上海版图最北端的崇明岛由于交通不便，不利于岛上工业的发展，却给林业、农业的发展带来了难得的机会。在断断续续地摸索了十多年后，崇明终于认准方向，走上了生态发展之路。2003 年起，崇明的生态建设开始启动，植树造林、退圩还滩、水系治理等都陆续步入实践。

2005 年 11 月，上海市人民政府发文成立崇明生态岛建设协调小组，这标志着崇明生态岛建设进入了新的阶段，即探索成长期。

2008 年 5 月，时任上海市市长韩正来崇明调研时指出，要有一套指导长远发展的指标体系来引领崇明生态岛的建设。2010 年 1 月，包含 27 项指标体系

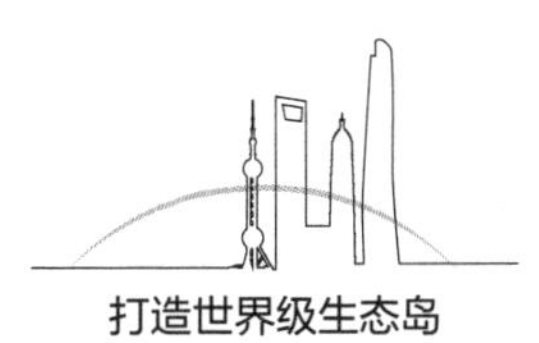

的《崇明生态岛建设纲要（2010—2020年）》（以下简称《纲要》）正式公布。《纲要》的发布，具有三个重要意义：一是引领生态岛建设方向，为崇明描绘了建设生态岛的“线路图”；二是规范生态岛建设行为，明确了崇明生态岛的建设领域和行动指南；三是调控生态岛建设进程，为崇明设定了近、中、远期的27个一级指标值和22个二级指标值以及分阶段的实施计划。

2016年，经国务院批准，崇明撤县设区。在新的历史起点，为贯彻落实国家和上海“十三五”规划，崇明开始了以更高标准、更开阔视野、更高水平和质量推进生态岛建设的新征程。

将生态优势转化为生态资本

经过十多年的努力，生态岛环境保护与综合治理成果显著，已基本完成崇明骨干河道的综合整治，水环境质量明显改善。企业节能减排与植树造绿相结合，大气环境质量保持全市领先水平。2015年，空气质量优良率约75%，森林覆盖率达22.53%，稀有型滩涂和湿地得到有效保护，崇明成为上海全市空气质量最优、绿地面积最广、生物多样性最为丰富的区域，获得联合国环境规划署的高度评价。“水清、土净、气洁、林茂”的生态环境特征进一步凸显，居民中长寿者较普遍，崇明被评为“中国长寿之乡”，成为中国第一个“长寿之岛”。

20世纪80年代，崇明依靠原有的农业、林业、湿地基础，瞄准市民日益增长的旅游休闲需求，建造了东平国家森林公园、不同风格的农家乐、东滩和西沙湿地等生态景区，配合推出主题丰富的生态旅游项目，吸引了大批游客慕名而来。除前卫生态村具有较高的知名度外，崇明岛的东部和西部分别有瀛东村“渔家乐”、绿港村“果家乐”，形成各具特色、东西联动的格局。绿色生态旅游已经成为崇明一张闪亮的名片，森林、湿地、乡村以及地道的美食吸引了都市人来到崇明。崇明将继续把生态优势转化为生态资本，持续打造“多旅融合”的大旅游格局，优化生态休闲旅游区域布局，培育静谧西沙、活力东平、闲趣北湖、雅致东滩、风情前哨、多彩长兴、原味横沙等若干特色旅游空间，打造上

海主要的生态休闲地。

以“生态 +”战略开创新境界

崇明生态岛建设已经走出了“还欠账、补缺漏”的阶段，生态立岛的理念深入人心，生态建设的基础体系逐步形成，已经基本具备了把生态环境优势转化为生态资本和推动经济社会实现跨越式发展的能力。因此，“生态 +”的提出正逢其时，体现了“丰富生态岛建设新内涵、提升生态岛建设新水平、开创生态岛建设新境界”的新时代要求。

过去，更多强调“生态 + 农业”的发展思路；2016 年开始，提倡探索“生态 + 旅游、生态 + 体验”的发展思路；下一步还设想“生态 + 大健康产业、生态 + 大教育产业、生态 + 大数据产业、生态 + 其他不断涌现的新兴业态”。借鉴长岛、济州岛等岛屿的发展经验，“生态 +”并非是简单叠加，而是通过从旅游功能延伸走向多元功能嵌入乃至深度融合，产生“1+1>2”的效果。

“生态 +”是一种系统集成。一是贯彻国家“五位一体”发展战略的重要体现，突出强调了把生态文明融入政治、经济、文化、社会建设的全领域和全过程；二是涵盖了自然资源保护、循环经济和废弃物利用、能源利用和节能减排、环境污染治理和生态环境建设、生态型产业发展、基础设施和公共服务六大领域；三是实现自然生态、产业生态和人居生态统筹协调发展。在这样的理念下，我们强调的不仅仅是生态与产业的发展，也要考虑到生态与社会发展、环境承载以及人们生活方式、观念的转变……

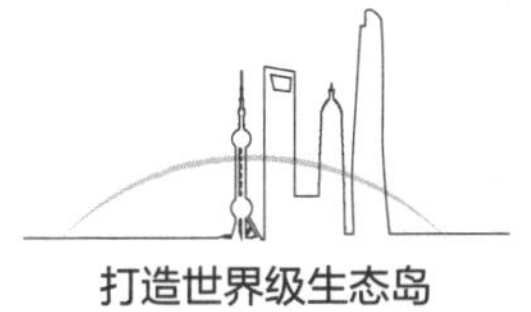

国内首个全自动化集装箱码头 68

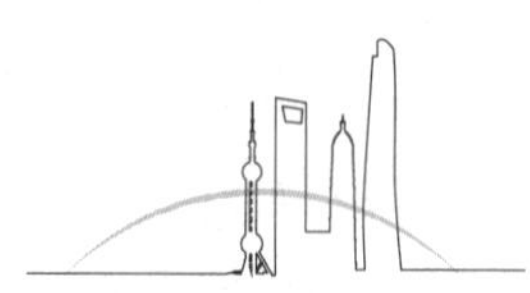

名称：国内首个全自动化集装箱码头

地点：洋山深水港

上海时刻：2017 年 12 月 10 日

洋山深水港位于杭州湾口外的浙江省嵊泗崎岖列岛，由大洋山、小洋山等数十个岛屿组成，是中国首个在微小岛上建设的港口，也是中国发展上海自贸区、建设海洋强国的依仗。2005 年 12 月 10 日，洋山深水港区一期工程顺利开港，成为中国最大的集装箱深水港。2010 年，上海港完成集装箱吞吐量 2907 万标准箱，首次超越新加坡成为全球最繁忙的集装箱港口。2014 年 12 月 23 日，上海国际航运中心洋山深水港区四期工程正式开工建设，是国内首个全自动化集装箱码头，工程总投资约 139 亿元。2017 年 12 月 10 日，正式开港。

上海国际航运中心选址洋山深水港的缘由

上海国际航运中心洋山深水港区距离上海南汇芦潮港 27.5 千米，距离国际航线仅 104 千米，是离上海最近的具备 15 米以上水深的合理港址。

优势一：具备建设负 15 米水深港区和航道的优越条件。洋山海域潮流强劲，泥沙不易落淤，海域海床近百年来基本稳定。

优势二：能确保船舶航行、靠泊及离泊安全。洋山深水港区四期工程方案经过模型试验反复论证，表明工程实施后对自然条件基本无影响，能维持原有水深，而且大小洋山岛链形成天然屏障，泊稳条件良好。

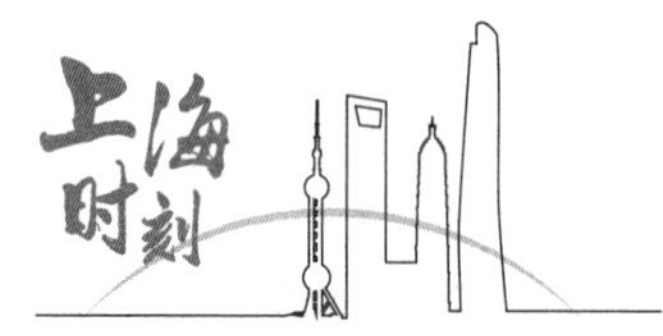

优势三：洋山深水港区四期工程技术经济可行。洋山深水港区四期工程水域地质条件良好，具备建港条件；另外，建设长距离跨海大桥世界上也有先例。

优势四：符合世界港口向外海发展的规律。

洋山深水港区四期工程概况

洋山深水港区四期工程总用地面积约223万平方米，海岸线长达2350米，拥有两个7万吨级泊位和五个5万吨级泊位，设计吞吐能力初期达到一年400万标准箱，远期将达到一年630万标准箱，可满足多艘大型集装箱船同时靠泊。与传统码头相比，洋山深水港区四期工程最大的亮点是首次采用了自动化设备和控制系统，是由电脑控制桥吊来装卸集装箱，用无人驾驶的自动化引导运输车运输集装箱。与洋山深水港前三期工程相比，四期工程码头岸线最短，占地最少，其吞吐能力却超过前三期总数的一倍。考虑到未来发展的可持续性，洋山深水港区四期工程的核心技术完全依靠自主研发。洋山深水港区四期工程是中国制造进一步提升洋山港的竞争力、挑战全球航运的巅峰。

国内首个全自动化集装箱码头成果显著

截至2018年11月底，洋山深水港区四期工程共完成集装箱吞吐量174.3万标准箱，码头合计作业大型干支线船舶近520艘次，试运营成果显著。集装箱被平稳地装卸，水平运输到指定位置，自动导引车沿着预设的轨道向前运行，留下几条胎印。这是国内首个全自动化集装箱码头，全流程自动化的装卸工作秩序井然却看不到职工的身影。这里一个昼夜就能达到1万标准箱的吞吐能力。自动化不仅降低了人力成本，也提升了港口的科技含量。

洋山港超大型船舶靠泊纪录

2019年7月20日凌晨，世界上最大的集装箱船“地中海古尔松”轮驶抵

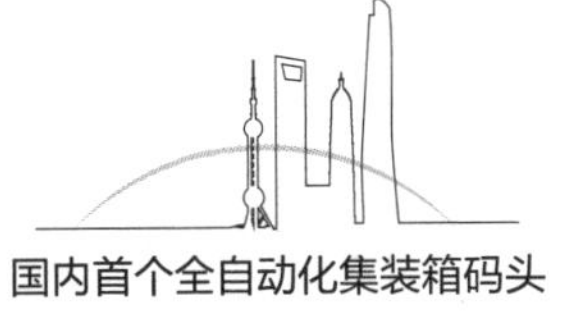

上海洋山深水港，它的到来再次刷新了洋山深水港超大型船舶的靠泊纪录。该轮全长 399.9 米，宽 61.5 米，最大载箱量 23756 标准箱，为目前世界上单船载箱量最大。经过紧锣密鼓的装卸作业，“地中海古尔松”轮于 7 月 20 日下午五点半左右驶离。至此，当今世界上已下水运营的 45 艘 2 万标准箱级集装箱轮已悉数造访过洋山港。经过一年多的磨合，洋山深水港区四期工程的运营模式进一步成熟，在其智能化和自动化 24 小时不间断的作业模式下，2019 年上半年集装箱吞吐量达到 150 多万标准箱，同比增长近 160%。

洋山深水港

绿色出行领跑者
——新能源汽车

69

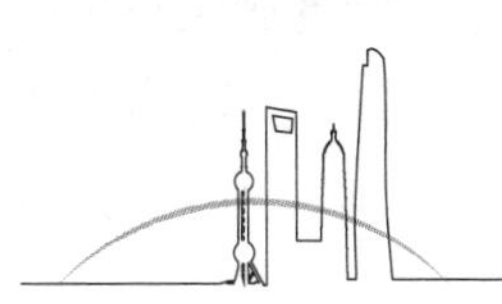

名称：新能源汽车

地点：上海汽车集团股份有限公司

上海时刻：2003 年

21 世纪初，国家将新能源汽车研发列入“十五”规划“863”重大科技课题。上海市积极响应国家新能源汽车发展战略，成立上海发展燃料电池轿车领导小组办公室，提出“节能和新能源汽车”发展战略，抓住研发和生产新能源汽车示范应用的契机，重点聚焦纯电动、燃料电池、混合动力汽车，加快推进新能源汽车产业化。

强强联合，初露峥嵘

最初的新能源汽车以燃料电池为动力，而上海在这方面的技能发展遥遥领先。早在 2003 年，以万钢为首的同济大学团队和上海汽车集团股份有限公司联合开发出了具有自主知识产权的燃料电池轿车“超越一号”“超越二号”“超越三号”，并相继通过中华人民共和国科学技术部（以下简称“中国科技部”）验收，标志着上海新能源汽车的正式起步。

2004 年 12 月，上海汽车集团股份有限公司与同济大学联合研发的“超越二号”在“必比登”新能源汽车挑战赛中获得了五项 A 奖。2006 年 3 月，上海

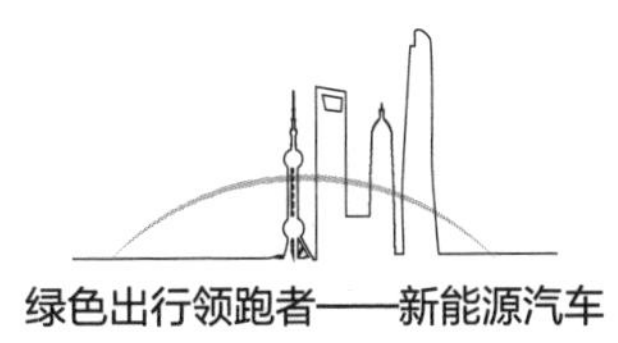

市委、市政府决定成立上海市新能源汽车推进领导小组办公室，主要职责和任务是推进全市新能源汽车自主品牌和关键零部件的研发、产业化、示范运行、标准制定以及推广应用等。2006 年 6 月，“超越三号”以燃料电池装配桑塔纳 2000 车型前往巴黎参加比赛，取得了四项 A 奖的好成绩。

为进一步落实新能源汽车的发展方向、发展目标等问题，上海市于 2006 年上半年首次发布新能源汽车实施方案。上海市人民政府积极争取中国科技部“863”新能源汽车专项，并设立专门的配套资金。国家和地方在新能源汽车领域的人才越来越多，各项技术、产品等都得到了发展，初步形成了新能源汽车发展的雏形。

借梯登天，两次飞跃

在新能源汽车的研发过程中，有两次重要的契机为新能源汽车的迅速发展奠定了基础：一次是北京奥运会，另一次是上海世博会。

2007 年，时任中国科技部部长万钢提出要抓牢 2008 年北京奥运会这一机会，让新能源汽车大显身手。同年 9 月 17 日，上海新能源汽车推进领导小组办公室会同上海汽车集团股份有限公司、上海燃料电池动力系统有限公司、同济大学等单位到北京向中国科技部汇报《上海“奥运”专项计划》，得到万钢部长的高度重视和全力支持。

2010 年，上海世博会再次为展示和推广新能源汽车提供了广阔的舞台。为了能在世博会上展示新能源汽车，新能源汽车推进领导小组提前三年启动准备工作，策划世博会新能源汽车使用方案，并向世博局提出了零排放的理念。后经过反复讨论，世博会采用了这一理念，明确用零排放理念安排园区交通。

多元合作，再创新高

2009 年，上海加快新能源汽车产业化进程。上海市人民政府印发《关于加快推进上海高新技术产业化的实施意见》，在临港、安亭基地推进整车布局。

上海市委要求上海汽车集团股份有限公司把新能源汽车作为今后发展的重要方向，要加大研发、生产、示范、运行力度。

新能源汽车的本土化发展以上海汽车集团股份有限公司为龙头，与各地优势企业合作。电机和贵州航天电器股份有限公司成立合资公司；电池和美国 A123 系统公司的电池厂成立合资公司。另外，还从北京引进一家电机公司——精进电动科技有限公司，为克莱斯勒配套驱动电机，以主配套商的身份得到国际巨头公司的认可。

新能源汽车自开始产业化以来，包括上海航天电源技术有限责任公司在内的一大批企业纷纷加入。同时引进了上海卡耐新能源有限公司——中国汽车技术中心和日本合资新成立的电池公司，电池供应商日趋增多。

此外，在新能源汽车的推广中也涌现出一些新模式、新业态，分时租赁就是其中一种。新能源公交车由于电池成本太高，采用租赁电池的方式，充电桩安装也探索出了多种合作模式。

2011 年 5 月，上海正式成为国内首个电动汽车国际示范城市，这得益于上海市人民政府在新能源汽车发展行业所给予的政策保障。一是专门出台了支持新能源汽车推广的政策，二是中国现今唯一一个国际电动汽车示范城区落在嘉定安亭，三是出台了新能源汽车行业标准，四是提早谋划充电桩建设问题。

到目前为止，上海已经形成了整车、零部件、充电桩制造与安装、分时租赁等一大批企业，产业增长速度 30% 以上，上海新能源汽车产业已初具规模，今后的目标是新能源汽车技术水平和市场占有率都要站在国内第一梯队。

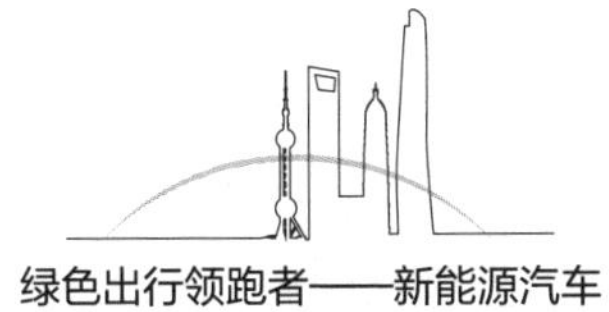

AI 技术“加持”医疗领域

70

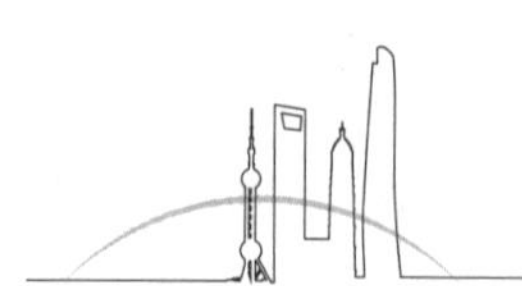

名称：AI 技术“加持”医疗领域

技术：AI+ 医疗

上海时刻：2018 年

在人工智能（AI）领域，最受瞩目的无疑是“AI+ 医疗”。医疗有着众多的分支，涉及社会行业的方方面面。人工智能与医疗的结合，一方面可以借助大数据的平台，实现更广泛的技术覆盖；另一方面可以帮助医生更好地判断病情，提高诊断的准确性和可靠性。近几年，上海作为创新科技之城，“AI+ 医疗”已然走在全国前列。

“AI+ 医疗”的六大应用场景

“AI+ 医疗”在实践中根据可落地性主要应用于以下六种场景：第一类应用场景是对于流行病的预测，利用相关模型可以用于预测疾病发病的风险，便于政府部门有效预防疾病的发生；第二类应用场景是针对诊疗过程中的人脸识别和核验身份，AI 技术可以帮助病人更快地挂号、缴费，节省看病的时间；第三类应用场景是借助医疗数据来辅助诊断，提高诊疗的准确度，AI 技术可以对 CT 影像进行智能检测和识别，检测快且准确度高；第四类应用场景是精准外科手术，AI 技术可以帮助医生规划最优的手术路径，实现对病人最小的创伤；第五类应用场景是用于医药研发领域，一般传统的药物研发需要 10—15 年时间，AI 技术的介入可以大大缩短药物研发的周期；第六类应用场景可以概括为“AI+ 健康管理”，AI 技术可以

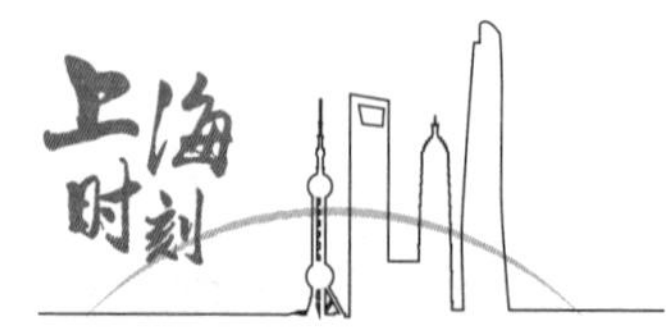

通过整合个体体征信息、生活方式、偏好、动态监测等健康信息，制定智能健康干预方案。

“人工智能（AI）大数据实验室”落户复旦肿瘤医院

上海首个医疗“人工智能（AI）大数据实验室”于 2019 年 2 月 27 日落户复旦大学附属肿瘤医院。该实验室由复旦大学附属肿瘤医院、腾讯公司共同成立，旨在实现临床科研平台搭建、高危人群肿瘤早筛、精准预约、患者随访管理等场景落地。该实验室由权威临床专家带头，邀请资深医疗专家担任顾问，汇聚医院管理者、临床专家、技术专家的集体智慧，不断探索医疗人工智能和大数据的新技术、新场景、新应用，全面提升医院智能化水准，为患者提供更优质的医疗服务。

上海交大发布首份 AI 医疗“指南”

2019 年 1 月 9 日，上海交通大学人工智能研究院联合上海市卫生和健康发展研究中心、上海交通大学医学院发布《人工智能医疗白皮书》。该白皮书汇编世界主要国家的人工智能发展战略，分析各个国家医疗领域的布局，同时全面分析人工智能在疾病预测、辅助诊断、医学影像、药物研发、个人健康管理主要应用领域的痛点和发展优势，并提出发展建议。

上海市 12 家单位入选“上海市首批人工智能试点应用场景”

2019 年 4 月，包括上海市第十人民医院在内的 12 家单位入选首批人工智能试点应用场景。在就诊的过程中，先是利用 AI 技术帮助病人进行初诊，并将初步诊断报告传至医生电脑上，初步诊断报告中已经将可能存在的疾病和高风险或传染性疾病等一一列出。经过详细问诊后，医生给出最终的诊断。上海市第十人民医院急诊科副主任彭沪介绍说：“即使是 80 分的医生也有可能会出现 30 分的状态。有了 AI 的帮助，可以让医疗更加均质化。人工智能辅助诊断

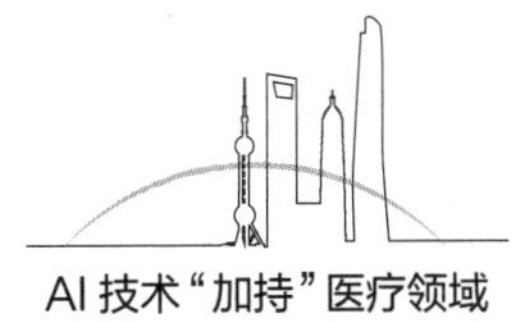

系统有 70 分，就不会作出 70 分以下的诊断。”在放射科，AI 技术也已经成为医生的“好帮手”。以往需要 10 多分钟甚至 30 多分钟才能完成阅片，现在通过 AI 医疗影像辅助诊断系统，几秒钟内就可以看到系统检测出的可疑病灶。

2019 国际医学人工智能论坛在沪召开

2019 年 4 月 1 日，2019 国际医学人工智能论坛暨 ITU 与 WHO 健康医疗人工智能焦点组（AI4H）会议在上海世博文化中心开幕。本次会议以“人工智能赋能人类健康共同体”为主题，邀请了国内外专家对医疗领域普遍关注的热门问题进行深入交流和探讨，共同分析医学人工智能发展现状与展望未来。会议为期 5 天，聚焦医疗人工智能领域的最新成果，汇聚医疗科技领域的重量级嘉宾，共同为人类谋福祉。

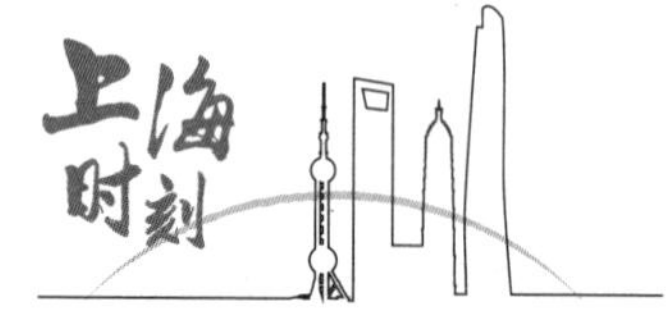

图书在版编目（CIP）数据

上海时刻 / 上海市老年教育教材研发中心编. — 上海:
上海教育出版社, 2020.5
ISBN 978-7-5444-9633-9

Ⅰ. ①上… Ⅱ. ①上… Ⅲ. ①上海 – 地方史 – 老年教育
– 教材 Ⅳ. ①K295.1

中国版本图书馆CIP数据核字(2020)第075129号

责任编辑　公雯雯　袁　玲
美术编辑　陆　弦

上海时刻
上海市老年教育教材研发中心　编

出版发行　上海教育出版社有限公司
官　　网　www.seph.com.cn
地　　址　上海市永福路123号
邮　　编　200031
印　　刷　上海展强印刷有限公司
开　　本　700 × 1000　1/16　印张 12.75
字　　数　175 千字
版　　次　2020年5月第1版
印　　次　2020年5月第1次印刷
书　　号　ISBN 978-7-5444-9633-9/K·0065
定　　价　38.00 元

如发现质量问题，读者可向本社调换　电话：021-64377165